图解
十九届五中全会精神

《图解十九届五中全会精神》编写组 | 编写

人民出版社

策划编辑：刘智宏
责任编辑：刘智宏　苏向平 等

图书在版编目（CIP）数据

图解十九届五中全会精神 /《图解十九届五中全会精神》编写组编写 . —北京：人民出版社，2020.12

ISBN 978-7-01-022669-9

Ⅰ . ①图…　Ⅱ . ①图…　Ⅲ . ①中国共产党十九届五中全会（2020）－文件－学习参考资料　Ⅳ . ① D229

中国版本图书馆 CIP 数据核字（2020）第 227297 号

图解十九届五中全会精神

TUJIE SHIJIUJIE WUZHONG QUANHUI JINGSHEN

《图解十九届五中全会精神》编写组　编写

人民出版社　出版发行

（100706　北京市东城区隆福寺街 99 号）

三河市龙大印装有限公司印刷　新华书店经销

2020 年 12 月第 1 版　2020 年 12 月北京第 1 次印刷

开本：710 毫米 ×1000 毫米　1/16　印张：15.5

字数：210 千字

ISBN 978-7-01-022669-9　定价：45.00 元

邮购地址　100706　北京市东城区隆福寺街 99 号

人民东方图书销售中心　电话（010）65250042　65289539

前言

党的十九届五中全会是在我国即将实现第一个百年奋斗目标、开启全面建设社会主义现代化国家新征程的时刻召开的一次十分重要的会议。会议审议通过的《中共中央关于制定国民经济和社会发展第十四个五年规划和二〇三五年远景目标的建议》(以下简称《建议》),深入分析了我国发展面临的国际国内形势,清晰展望了2035年基本实现社会主义现代化的远景目标,明确提出了“十四五”时期我国发展的指导方针、主要目标、重点任务、重大举措,集中回答了新形势下实现什么样的发展、如何实现发展这个重大问题,是开启全面建设社会主义现代化国家新征程,向第二个百年奋斗目标进军的纲领性文件,是今后五年乃至更长时期我国经济社会发展的行动指南。

为更生动地宣传党的十九届五中全会精神、更好地服务读者,人民出版社延续策划出版《依法治国七讲(图解版)》《“十三五”规划〈建议〉八讲(图解版)》《全面从严治党十讲(图解版)》《十九大精神十三讲(图解版)》《图解十九届四中全会精神》等图书的做法,邀请有关专家编写了本书。本书分十五个方面,重点就《建议》提出的重要思想、重要论断、重大举措进行了深入解读,并辅以大量图示、图表等,通俗生动,可帮助广大党员干部直观高效地全面理解和准确把握党的十九届五中全会精神。

《图解十九届五中全会精神》编写组

2020年11月

目　录

《建议》的结构

第一板块

导语

第一部分　全面建成小康社会，开启全面建设社会主义现代化国家新征程

第二部分　“十四五”时期经济社会发展指导方针和主要目标

第二板块

第三部分　坚持创新驱动发展，全面塑造发展新优势

第四部分　加快发展现代产业体系，推动经济体系优化升级

第五部分　形成强大国内市场，构建新发展格局

第六部分　全面深化改革，构建高水平社会主义市场经济体制

第七部分　优先发展农业农村，全面推进乡村振兴

第八部分　优化国土空间布局，推进区域协调发展和新型城镇化

第九部分　繁荣发展文化事业和文化产业，提高国家文化软实力

第十部分　推动绿色发展，促进人与自然和谐共生

第十一部分　实行高水平对外开放，开拓合作共赢新局面

第十二部分　改善人民生活品质，提高社会建设水平

第十三部分　统筹发展和安全，建设更高水平的平安中国

第十四部分　加快国防和军队现代化，实现富国和强军相统一

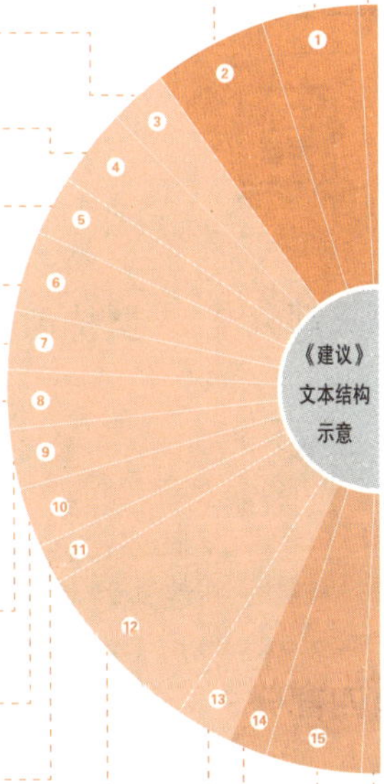

第三板块

第十五部分　全党全国各族人民团结起来，为实现“十四五”规划和二〇三五年远景目标而奋斗

结束语

《建议》文本结构示意

《建议》的内容要点

约2万字，分15个部分

第一部分 全面建成小康社会，开启全面建设社会主义现代化国家新征程

三个方面

- 决胜全面建成小康社会取得决定性成就
- 我国发展环境面临深刻复杂变化
- 到二〇三五年基本实现社会主义现代化远景目标

第二部分 “十四五”时期经济社会发展指导方针和主要目标

三个方面

- “十四五”时期经济社会发展指导思想
- “十四五”时期经济社会发展必须遵循的原则
- “十四五”时期经济社会发展主要目标

第三部分 坚持创新驱动发展，全面塑造发展新优势

四个方面

- 强化国家战略科技力量
- 提升企业技术创新能力
- 激发人才创新活力
- 完善科技创新体制机制

第四部分 加快发展现代产业体系，推动经济体系优化升级

五个方面

- 提升产业链供应链现代化水平
- 发展战略性新兴产业
- 加快发展现代服务业
- 统筹推进基础设施建设
- 加快数字化发展

第五部分 形成强大国内市场，构建新发展格局

四个方面

- 畅通国内大循环
- 促进国内国际双循环
- 全面促进消费
- 拓展投资空间

第六部分 全面深化改革，构建高水平社会主义市场经济体制

五个方面

- 激发各类市场主体活力
- 完善宏观经济治理
- 建立现代财税金融体制
- 建设高标准市场体系
- 加快转变政府职能

第七部分 优先发展农业农村，全面推进乡村振兴

四个方面

- 提高农业质量效益和竞争力
- 实施乡村建设行动
- 深化农村改革
- 实现巩固拓展脱贫攻坚成果同乡村振兴有效衔接

第八部分 优化国土空间布局，推进区域协调发展和新型城镇化

三个方面

- 构建国土空间开发保护新格局
- 推动区域协调发展
- 推进以人为核心的新型城镇化

第九部分 繁荣发展文化事业和文化产业，提高国家文化软实力

三个方面

- 提高社会文明程度
- 提升公共文化服务水平
- 健全现代文化产业体系

第十部分 推动绿色发展，促进人与自然和谐共生

四个方面

- 加快推动绿色低碳发展
- 持续改善环境质量
- 提升生态系统质量和稳定性
- 全面提高资源利用效率

第十一部分 实行高水平对外开放，开拓合作共赢新局面

三个方面

- 建设更高水平开放型经济新体制
- 推动共建“一带一路”高质量发展
- 积极参与全球经济治理体系改革

第十二部分 改善人民生活品质，提高社会建设水平

七个方面

- 提高人民收入水平
- 强化就业优先政策
- 建设高质量教育体系
- 健全多层次社会保障体系
- 全面推进健康中国建设
- 实施积极应对人口老龄化国家战略
- 加强和创新社会治理

第十三部分 统筹发展和安全，建设更高水平的平安中国

四个方面

- 加强国家安全体系和能力建设
- 确保国家经济安全
- 保障人民生命安全
- 维护社会稳定和安全

第十四部分 加快国防和军队现代化，实现富国和强军相统一

两个方面

- 提高国防和军队现代化质量效益
- 促进国防实力和经济实力同步提升

第十五部分 全党全国各族人民团结起来，为实现“十四五”规划和二〇三五年远景目标而奋斗

六个方面

- 加强党中央集中统一领导
- 推进社会主义政治建设
- 保持香港、澳门长期繁荣稳定
- 推进两岸关系和平发展和祖国统一
- 积极营造良好外部环境
- 健全规划制定和落实机制

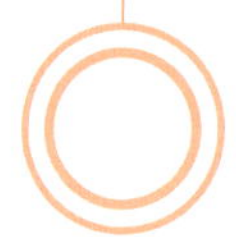

习近平关于《建议》的说明
总体框架

约 0.6 万字，分 3 大部分

第一部分 建议稿起草过程

第二部分 建议稿的主要考虑和基本框架

第三部分 需要说明的几个重点问题

- 关于以推动高质量发展为主题
- 关于构建以国内大循环为主体、国内国际双循环相互促进的新发展格局
- 关于“十四五”和到 2035 年经济发展目标
- 关于促进全体人民共同富裕
- 关于统筹发展和安全
- 关于坚持系统观念
- 关于全面建成小康社会的完成情况和宣布时机

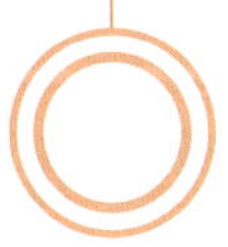

第一讲

开启全面建设社会主义现代化国家新征程

一 历史交汇点上的盛会

二 “十三五”时期取得的决定性成就

三 我国将进入新发展阶段

四 2035 年基本实现社会主义现代化远景目标

2020 年 10 月 26 日至 29 日，中国共产党第十九届中央委员会第五次全体会议在北京举行。全会听取和讨论了习近平总书记受中央政治局委托作的工作报告，审议通过了《中共中央关于制定国民经济和社会发展第十四个五年规划和二〇三五年远景目标的建议》(以下简称《建议》)。习近平总书记就《建议》起草的有关情况向全会作了说明。

这次全会，是在我国将进入新发展阶段、实现中华民族伟大复兴正处在关键时期召开的一次具有全局性、历史性意义的重要会议。这次全会最重要的成果就是审议通过了《建议》。这是开启全面建设社会主义现代化国家新征程、向第二个百年奋斗目标进军的纲领性文件，是今后五年乃至更长时期我国经济社会发展的行动指南，是一份光辉的马克思主义文献。

《建议》顺应时代要求、反映人民意愿，充分体现了一个百年大党继往开来的历史担当，集中彰显了以习近平同志为核心的党中央规划未来的远见卓识。

一、历史交汇点上的盛会

这是一次接续奋斗、开启未来的盛会。之所以这么说，是因为“十四五”时期是我国全面建成小康社会、实现第一个百年奋斗目标之后，乘势而上开启全面建设社会主义现代化国家新征程、向第二个百年奋斗目标进军的第一个五年。在“两个一百年”历史交汇点上，中共中央召开十九届五中全会，研究“十四五”规划问题，擘画国家未来发展蓝图，明确前进方向和奋斗目标，对于激励全党全国各族人民战胜前进道路上各种风险挑战，为全面建设社会主义现代化国家开好局、起好步，具有十分重要的意义。

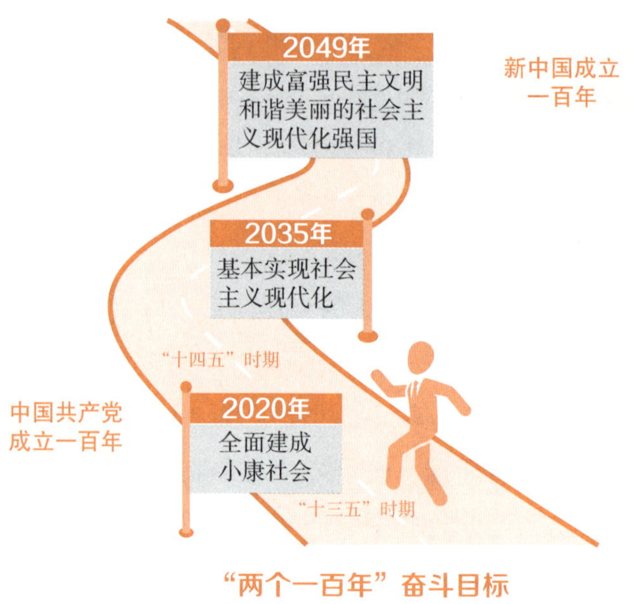

“两个一百年”奋斗目标

这是一次开门问策、集思广益的盛会。《建议》制定的一个重要特点，就是把加强顶层设计和坚持问计于民统一起来，鼓励广大人民群众和社会各界建言献策，征求意见范围之大、参与人数之多、形式之多样，都是前所未有的。习近平总书记亲自主持召开七场专题座谈会，听取各方面意见和建议，出席人员涵盖企业家、党外人士、经济社会领域专家、科学家、教育文化卫生体育领域专家、地方党政领导、基层代表等，在一次次深入调研、广集民智中找到破题的关键，在一场场座谈交流中凝聚奋进的共识。特别值得指出的是，《建议》在广泛征求党内外意见的同时，还通过互联网向全社会征求意见和建议，这在我国五年规划（计划）编制史上是第一次。短短两周时间，累计收到超过 101.8 万条建言，基层百姓的所思所想、所期所盼，得以直通中南海。可以说，《建议》是在习近平总书记亲自领导下，汇聚全党全国智慧编制而成的行动纲领和政治宣言。

这是一次凝心聚力、砥砺奋进的盛会。《建议》向社会鲜明传递

《建议》起草过程中的七个数字密码

38

38个重大问题

习近平总书记在文件起草组第一次全体会议上提出38个需要研究的重大问题

200

200余份研究报告

中央财办、国家发展改革委组织有关部门、智库研究形成200余份“十四五”规划前期重大课题研究报告

109

109份意见和建议

各地区各部门向中央提交了109份关于“十四五”规划的意见和建议

101.8万

101.8万条建言

通过互联网就“十四五”规划编制向全社会征求意见和建议，短短两周时间，累计收到超过101.8万条建言

7

7场专题座谈会

从2020年7月到9月，习近平总书记亲自主持召开了7场专题座谈会

290

290余条修改意见

党的十九届五中全会上，经过两天半的充分讨论，与会人员共提出修改意见290余条。文件起草组根据这些意见，对建议稿作出31处修改

21.88%

反馈意见吸收率达21.88%

起草组对建议稿增写、改写、精简文字共计366处，覆盖各方面意见建议546条，反馈意见的吸收率达21.88%

数据来源：新华社

了未来五年我国经济社会发展的指导方针、主要目标、重点任务，擘画了2035年基本实现社会主义现代化的美好图景，昭示着中华民族走向社会主义现代化的不懈追求和雄心壮志，极大激励和鼓舞了全党全国各族人民，有利于引导全社会汇聚共识、凝聚力量，有利于调动一切积极因素、动员一切积极力量，对于我们党团结带领全国各族人民继续抓住用好重要战略机遇期，战胜前进道路上的各种风险挑战，奋力书写新发展奇迹，具有重大而深远的意义。

权威声音

习近平（中共中央总书记、国家主席、中央军委主席）：我国发展仍然处于重要战略机遇期，但面临的国内外环境正在发生深刻复杂变化。我国有独特的政治优势、制度优势、发展优势和机遇优势，经济社会发展依然有诸多有利条件，我们完全有信心、有底气、有能力谱写“两大奇迹”新篇章。大家普遍希望，通过制定建议，明确“十四五”时期经济社会发展的基本思路、主要目标以及2035年远景目标，突出新发展理念的引领作用，提出一批具有标志性的重大战略，实施富有前瞻性、全局性、基础性、针对性的重大举措，统筹谋划好重要领域的接续改革，为实现第二个百年奋斗目标、实现中华民族伟大复兴的中国梦奠定坚实基础。

二、“十三五”时期取得的决定性成就

“十三五”时期是党和国家发展进程中极不平凡的五年。面对错综复杂的国际形势、艰巨繁重的国内改革发展稳定任务特别是新冠肺炎疫情严重冲击，以习近平同志为核心的党中央不忘初心、牢记使命，团结带领全党全国各族人民砥砺前行、开拓创新，攻克了许多难题难关，顶住了不少逆风逆流，推动党和国家各项事业开拓新局面、取得新成就。

一是全面深化改革取得重大突破，全面依法治国取得重大进展，全面从严治党取得重大成果，国家治理体系和治理能力现代化加快推进，中国共产党领导和我国社会主义制度优势进一步彰显。2020年

抗击新冠肺炎疫情取得重大战略成果就是一个最好例证。正是因为加强党的全面领导，大力推进国家治理体系和治理能力现代化，面对来势汹汹的疫情，我们才能以最快的速度行动起来，全国上下一盘棋，集中力量办大事。

二是经济实力、科技实力、综合国力跃上新的大台阶，经济运行总体平稳，经济结构持续优化。经济方面，2019 年，我国国内生产总值达到 99.1 万亿元，经济总量占世界经济的比重从 2015 年的 15.5% 提升至超过 16%，稳居世界第二位，对世界经济增长的贡献率达到 30% 左右。预计 2020 年国内生产总值将突破 100 万亿元。2019 年，我国人均国内生产总值首次突破 1 万美元大关，标志着我国向高收入国家水平又迈出坚实一步。科技方面，“十三五”时期，我国重大创新成果竞相涌现，如“中国天眼”探秘太空，C919 大型客机翱翔蓝天，港珠澳大桥飞架三地，北京大兴国际机场“凤凰展翅”，北斗系统导航全球等，这一项项科技成果在改变中国的同时也惊艳着世界。

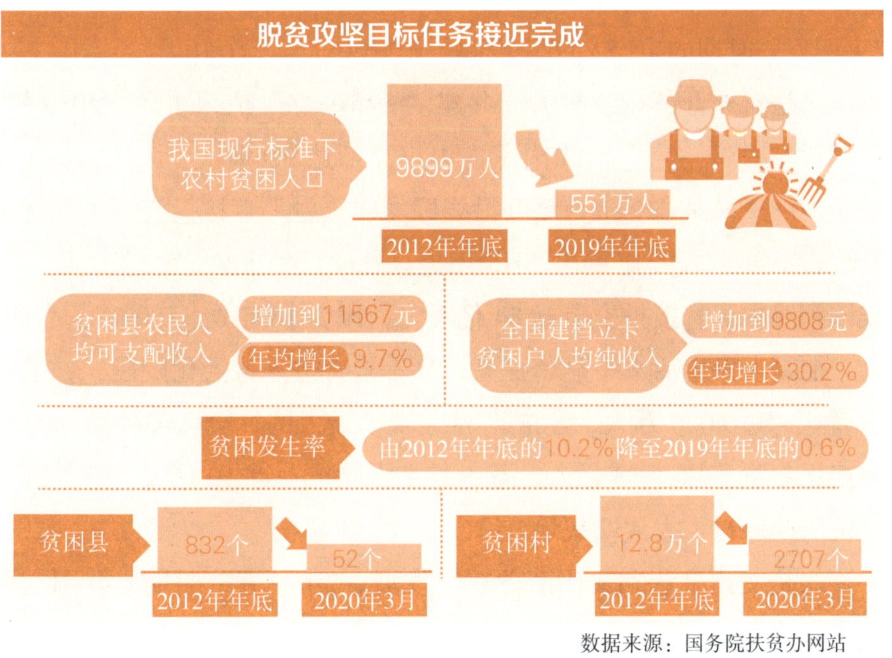

数据来源：国务院扶贫办网站

三是脱贫攻坚成果举世瞩目，5575 万农村贫困人口实现脱贫。“十三五”时期，我国建档立卡贫困人口已经从 2015 年的 5575 万人减少到 2019 年的 551 万人，预计 2020 年年底建档立卡贫困人口将全部脱贫，连续五年每年减贫 1000 万人以上。“十三五”时期，我国贫困县数量持续减少，贫困发生率从 2015 年的 5.7% 降至 2019 年的 0.6%，脱贫攻坚战取得决定性成果。

四是粮食年产量连续五年稳定在 13000 亿斤以上。“十三五”时期，我国粮食生产再上新台阶，粮食产量连续五年稳定在 13000 亿斤以上，人均粮食占有量稳定在 470 公斤以上，远高于国际公认的 400 公斤粮食安全线，中国人的饭碗牢牢地端在自己手中。

五是污染防治力度加大，生态环境明显改善。“十三五”时期，我国环境污染治理取得显著成效。截至 2019 年年底，“十三五”规划确定的生态环境领域九项约束性指标，有八项已提前完成。预计到 2020 年年底，我国将全面完成各项目标任务。这五年是迄今为止生态环境质量改善成效最大、生态环境保护事业发展最好的五年，为“十四五”时期的生态文明建设起了个好头、开了个好局。

六是对外开放持续扩大，共建“一带一路”成果丰硕。2019 年，我国对“一带一路”沿线国家进出口总额达 92690 亿元，比 2018 年增长 10.8%；对“一带一路”沿线国家非金融类直接投资额 150 亿美元，占对外总投资比重比 2018 年提高 0.6 个百分点；“一带一路”沿线国家对中国直接投资金额 84 亿美元，比 2018 年增长 30.6%。

七是人民生活水平显著提高，高等教育进入普及化阶段，城镇新增就业超过 6000 万人，建成世界上规模最大的社会保障体系，基本医疗保险覆盖超过 13 亿人，基本养老保险覆盖近 10 亿人，新冠肺炎疫情防控取得重大战略成果。

八是文化事业和文化产业繁荣发展。“十三五”时期，我国文化艺术创作生产成果丰硕，公共服务体系建设取得巨大进展，文化遗产

2019年经济社会发展主要指标数据与"十三五"以来发展情况

指标		单位	2019年	2016—2019年平均增速（"[ ]"内为四年累计变化情况）
经济发展				
国内生产总值		万亿元	99.1	6.7
全员劳动生产率		万元/人	11.5	6.6
常住人口城镇化率		%	60.60	[4.5]
户籍人口城镇化率		%	44.38	[4.5]
服务业增加值比重		%	53.9	[3.1]
创新驱动				
研究与试验发展经费投入强度		%	2.19	[0.13]
每万人口发明专利拥有量		件	13.3	[7.0]
科技进步贡献率		%	58.7①	[3.4]②
固定宽带家庭用户占比③		%	86.5	[2.8]
民生福祉				
居民人均可支配收入		元	30733	6.5
劳动年龄人口平均受教育年限		年	10.63①	[0.4]②
城镇新增就业人数		万人	1352	[5378]
农村贫困人口		万人	551	[-5024]
年末参加基本养老保险人数		万人	96748	[10915]
各类棚户区改造开工		万套	316	—
人均预期寿命		岁	77①	[0.66]②
资源环境				
耕地保有量		亿亩	20.2④	—
国有建设用地供应总量		万公顷	62.4	—
万元国内生产总值用水量下降		%	6.1⑤	[24.2]
万元国内生产总值能耗降低率		%	2.6⑤	[13.2]
非化石能源消费占能源消费总量比重		%	15.3⑤	[3.2]
万元国内生产总值二氧化碳排放降低		%	4.1⑤	—
森林覆盖率		%	22.96⑥	—
森林蓄积量		亿立方米	175.6⑥	—
地级及以上城市空气质量优良天数比率		%	82.0⑦	—
细颗粒物（$PM_{2.5}$）未达标地级及以上城市浓度下降		%	2.4	[23.1]
地表水达到或好于Ⅲ类水体比例		%	74.9	[8.9]
地表水劣Ⅴ类水体比例		%	3.4	[-6.3]
主要污染物排放总量减少	化学需氧量	%	3.2	[11.5]
	氨氮	%	3.3	[11.9]
	二氧化硫	%	4.4	[22.5]
	氮氧化物	%	3.5	[16.2]

注：①为2018年数据。②为2018年比2015年增加数。③固定宽带家庭用户占比计算方法：(固定）互联网宽带接入用户中家庭宽带接入用户占比。④来自自然资源部耕地普查，2018年、2019年耕地保有量数据尚未公布，表中数据为2017年情况。⑤为初步数据。⑥来自第九次全国森林资源清查（2014—2018）资料。⑦为实况数据。

数据来源：国家统计局网站

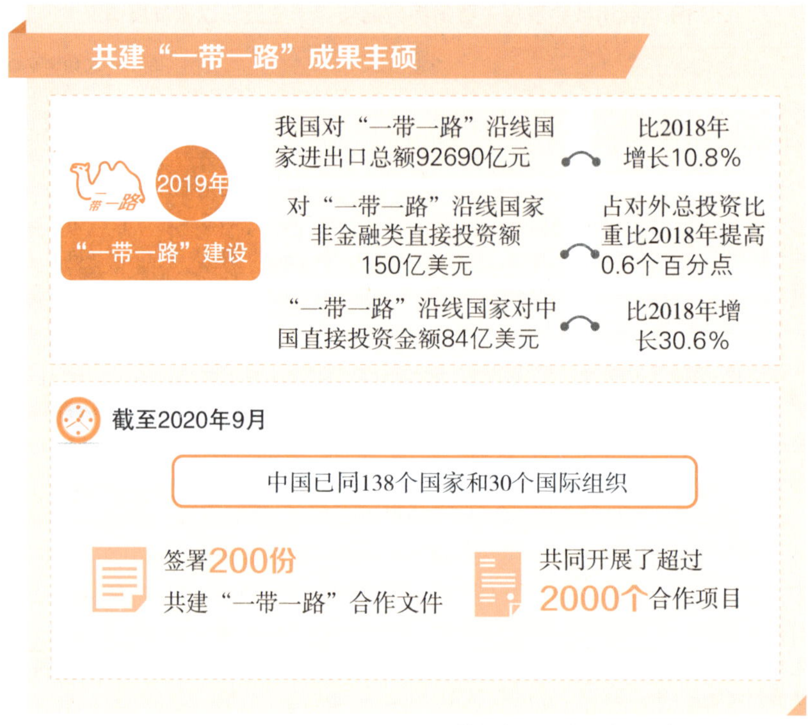

数据来源：《经济日报》、新华社

保护水平稳步提高，文化产业发展质量和效益更加凸显，文化市场监管水平明显提升，为开启全面建设社会主义现代化国家新征程提供了有力支撑。

九是国防和军队建设水平大幅提升，军队组织形态实现重大变革。“十三五”时期，《中国共产党军队党的建设条例》等重要政策法规陆续出台；划设五大战区，组建15个军委机关部门；歼–20战机服役，我国首艘国产航母入列；推进兵役制度、士官制度改革，深化军人工资、住房制度、医疗保障等改革……国防和军队建设事业取得历史性成就、发生历史性变革。

十是国家安全全面加强，社会保持和谐稳定。“十三五”时期，我国全面加强社会治理基础制度建设，社会治理能力和水平显著提升，国家安定和谐，社会充满活力，平安中国建设向更高水平稳步迈进。

权威评论

中共国家发展改革委党组理论学习中心组：“十三五”时期我国经济社会发展成就的取得，是以习近平同志为核心的党中央坚强领导的结果，是习近平新时代中国特色社会主义思想科学指引的结果，是广大人民群众团结奋进、开拓进取的结果。

当前，“十三五”规划目标任务即将完成，全面建成小康社会胜利在望，中华民族伟大复兴向前迈出了新的一大步，社会主义中国以更加雄伟的身姿屹立于世界东方。

三、我国将进入新发展阶段

“我国将进入新发展阶段”，是以习近平同志为核心的党中央作出的重大战略判断，是对我国发展新的历史方位和所处环境的深刻揭示，为党和国家在新阶段谋划新发展提供了根本遵循。

要深入理解新发展阶段的内涵，需要深刻认识新发展阶段的新特征新要求。我国将进入新发展阶段，意味着我国发展环境面临深刻复杂的变化。党的十九届五中全会提出，我国发展仍然处于重要战略机遇期，但机遇和挑战都有新的发展变化。

从国际看，和平发展与动荡变革同在。一方面，当今世界正经历百年未有之大变局，新一轮科技革命和产业变革深入发展，国际力量对比深刻调整，和平与发展仍然是时代主题，人类命运共同体理念深入人心；另一方面，国际环境日趋复杂，不稳定性不确定性明显增加，新冠肺炎疫情全球大流行带来世界经济深度衰退，经济全球化遭遇逆

深阅读

《建议》的逻辑主线是，在全面建成小康社会之后，开启全面建设社会主义现代化国家新征程，要科学把握新发展阶段，深入贯彻新发展理念，加快构建新发展格局，以推动高质量发展为主题，以深化供给侧结构性改革为主线，实现经济行稳致远、社会安定和谐，为全面建设社会主义现代化国家开好局、起好步。简而言之，《建议》的核心要义体现在三个“新”上，就是新发展阶段、新发展理念、新发展格局。科学理解、准确把握这一核心要义是学习贯彻党的十九届五中全会精神的聚焦点、着力点、落脚点。

流，某些西方大国单边主义、保护主义、霸权主义抬头，对世界和平与发展构成威胁，世界进入动荡变革期。这意味着我国将在一个更加不稳定不确定的世界环境中谋求自身发展，面临的挑战前所未有。

从国内看，高质量发展与发展不平衡不充分并存。我国已转向高质量发展阶段，制度优势显著，治理效能提升，经济长期向好，物质基础雄厚，人力资源丰富，市场空间广阔，发展韧性强劲，社会大局稳定，继续发展具有多方面优势和条件。同时，我国社会主要矛盾发生变化，发展不平衡不充分问题仍然突出，重点领域关键环节改革任务仍然艰巨，创新能力不适应高质量发展要求，农业基础还不稳固，城乡区域发展和收入分配差距较大，生态环保任重道远，民生保障存在短板，社会治理还有弱项。这些问题归结起来，就是发展质量有待提高，提质增效的要求比以往任何时候都迫切。

综合来看，我国发展是“危”“机”并存、“危”中有“机”，并且可以化“危”为“机”。因此，我们要勇于逆势而上，善于转危为

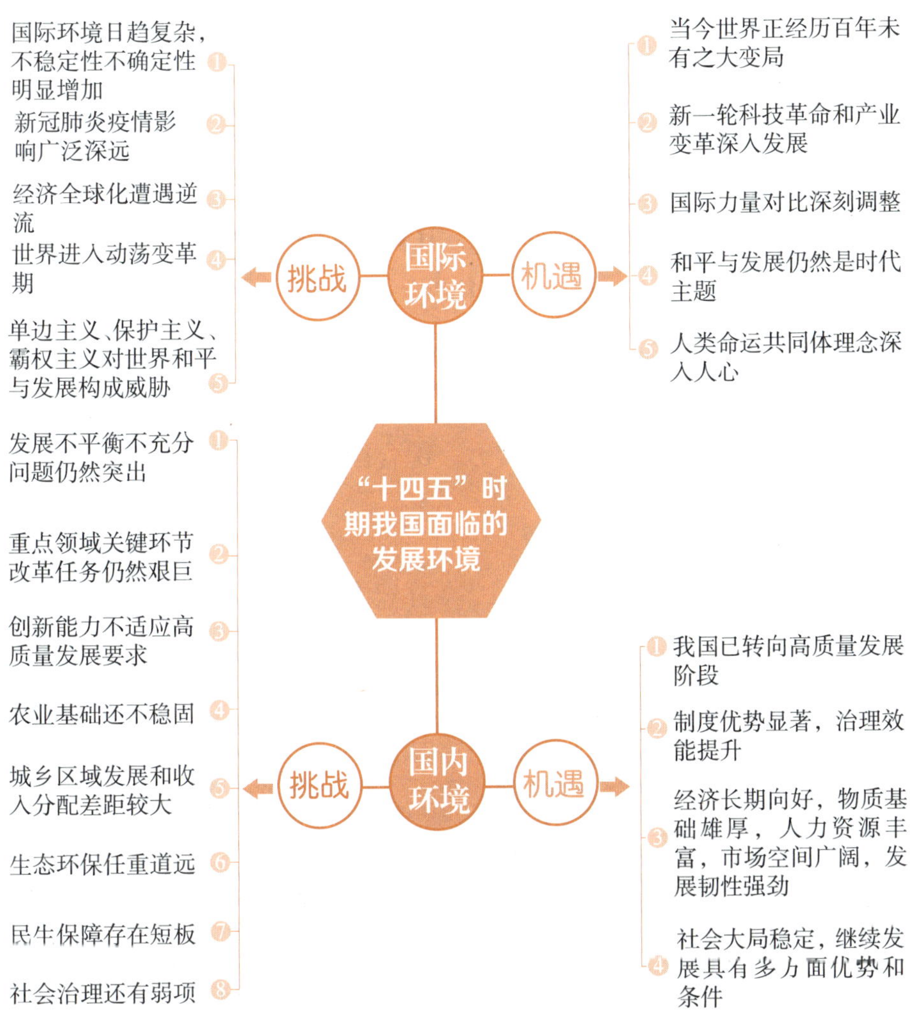

机，准确识变、科学应变、主动求变，善于在危机中育先机、于变局中开新局，抓住机遇，应对挑战，趋利避害，奋勇前进。

四、2035 年基本实现社会主义现代化远景目标

《建议》的一大贡献和亮点是提出到 2035 年基本实现社会主义现

代化远景目标。以 15 年为一个历史阶段，前瞻性、系统性地描绘国家发展的长远目标，这在我们党编制规划（计划）发展历史上是少有的。2035 年基本实现社会主义现代化，这一远景目标鼓舞人心，具有强大的感召力和引领力。

《建议》立足现实、与时俱进，从国家发展、经济体系、法治国家、文化软实力、生态文明、对外开放、生活水平、国防和军队、共同富裕九个方面对到 2035 年基本实现社会主义现代化的远景目标进行了展望。

一是我国经济实力、科技实力、综合国力将大幅跃升，经济总量

我国经济实力、科技实力、综合国力将大幅跃升，经济总量和城乡居民人均收入将再迈上新的大台阶，关键核心技术实现重大突破，进入创新型国家前列

基本实现新型工业化、信息化、城镇化、农业现代化，建成现代化经济体系

基本实现国家治理体系和治理能力现代化，人民平等参与、平等发展权利得到充分保障，基本建成法治国家、法治政府、法治社会

建成文化强国、教育强国、人才强国、体育强国、健康中国，国民素质和社会文明程度达到新高度，国家文化软实力显著增强

广泛形成绿色生产生活方式，碳排放达峰后稳中有降，生态环境根本好转，美丽中国建设目标基本实现

形成对外开放新格局，参与国际经济合作和竞争新优势明显增强

人均国内生产总值达到中等发达国家水平，中等收入群体显著扩大，基本公共服务实现均等化，城乡区域发展差距和居民生活水平差距显著缩小

平安中国建设达到更高水平，基本实现国防和军队现代化

人民生活更加美好，人的全面发展、全体人民共同富裕取得更为明显的实质性进展

和城乡居民人均收入将再迈上新的大台阶，关键核心技术实现重大突破，进入创新型国家前列。二是基本实现新型工业化、信息化、城镇化、农业现代化，建成现代化经济体系。三是基本实现国家治理体系和治理能力现代化，人民平等参与、平等发展权利得到充分保障，基本建成法治国家、法治政府、法治社会。四是建成文化强国、教育强国、人才强国、体育强国、健康中国，国民素质和社会文明程度达到新高度，国家文化软实力显著增强。五是广泛形成绿色生产生活方式，碳排放达峰后稳中有降，生态环境根本好转，美丽中国建设目标基本实现。六是形成对外开放新格局，参与国际经济合作和竞争新优势明显增强。七是人均国内生产总值达到中等发达国家水平，中等收入群体显著扩大，基本公共服务实现均等化，城乡区域发展差距和居

权威评论

韩文秀（中央财经委员会办公室分管日常工作的副主任）：到 2035 年基本实现社会主义现代化，需要 15 年的时间、三个五年规划。“十四五”规划是开启全面建设社会主义现代化国家新征程的“启航”规划。《建议》把“十四五”发展作为重点，同时对 2035 年远景目标进行展望。这有利于明确前进方向，凝聚社会共识，把短期、中期、长期发展目标衔接协调统一起来，增强战略一致性……实现 2035 年远景目标，确实需要适宜的外部环境……关键还是要练好内功，立足于社会主义初级阶段的基本国情，着力办好中国自己的事。当然，我们要办的事很多，千头万绪，有三件事情特别重要，就是改革、开放、创新……《建议》在这些方面已经作了全面系统部署。我们相信，只要做好改革、开放、创新这几件关键大事，就一定能够实现 2035 年远景目标。

民生活水平差距显著缩小。八是平安中国建设达到更高水平，基本实现国防和军队现代化。九是人民生活更加美好，人的全面发展、全体人民共同富裕取得更为明显的实质性进展。

以上九个方面的远景目标，说明我国的社会主义现代化是全面发展、全面进步的现代化，是物的现代化和人的现代化相统一的现代化，鲜明体现了现代化一般规律与中国具体国情的有机结合。需要指出的是，远景目标中提出“全体人民共同富裕取得更为明显的实质性进展”。这样的表述，在党的全会文件中是第一次。共同富裕是社会主义的本质要求，是人民群众的共同期盼。这个目标既指明了前进方向和奋斗目标，也是实事求是、符合发展规律的，兼顾了需要和可能，有利于在工作中积极稳妥把握，在促进全体人民共同富裕的道路上不断向前迈进。

第二讲

“十四五”时期经济社会发展指导方针和主要目标

一 “十四五”时期经济社会发展指导思想

二 “十四五”时期经济社会发展必须遵循的原则

三 “十四五”时期经济社会发展主要目标

指导方针是管总的，具有方向性质和引领作用。指导思想和原则对头，主要目标切实可行，才能推动经济社会发展在正确轨道上运行。《建议》专门提出“十四五”时期我国经济社会发展的指导思想、必须遵循的原则、主要目标，对未来五年经济社会发展方向进行精准定位，深刻回答了“十四五”时期我国经济社会实现什么样的发展、怎样实现发展的重大问题，是准确理解《建议》精神的关键。

一、“十四五”时期经济社会发展指导思想

以什么样的指导思想来统领“十四五”时期我国经济社会发展，这是一个至关重要的问题，决定着未来我国发展的根本方向和基本遵循。

党的十九届五中全会立足我国发展所处的历史阶段，深入分析了我国发展面临的国际国内环境的深刻复杂变化，提出了未来五年我国经济社会发展的指导思想。《建议》指出，“十四五”时期经济社会发展指导思想是：高举中国特色社会主义伟大旗帜，深入贯彻党的十九大和十九届二中、三中、四中、五中全会精神，坚持以马克思列宁主义、毛泽东思想、邓小平理论、“三个代表”重要思想、科学发展观、习近平新时代中国特色社会主义思想为指导，全面贯彻党的基本理论、基本路线、基本方略，统筹推进经济建设、政治建设、文化建设、社会建设、生态文明建设的总体布局，协调推进全面建设社会主义现代化国家、全面深化改革、全面依法治国、全面从严治党的战略布局，坚定不移贯彻创新、协调、绿色、开放、共享的新发展理念，坚持稳中求进工作总基调，以推动高质量发展为主题，以深化供给侧结构性改革为主线，以改革创新为根本动力，以满足人民日益增长的美好生活需要为根本目的，统筹发展和安全，加快建设现代化经

济体系，加快构建以国内大循环为主体、国内国际双循环相互促进的新发展格局，推进国家治理体系和治理能力现代化，实现经济行稳致远、社会安定和谐，为全面建设社会主义现代化国家开好局、起好步。

这一指导思想高举中国特色社会主义伟大旗帜，以中国特色社会主义理论体系为指导，坚持统筹推进“五位一体”总体布局、协调推进“四个全面”战略布局，贯彻新发展理念，突出了稳中求进工作总基调；以推动高质量发展为主题，以深化供给侧结构性改革为主线，明确了发展的根本动力和根本目的，全面体现了党的十八大以来我国发展的新理念新方略和成果经验，提出了富有时代特色的新战略新思路新要求。

“十四五”时期我国经济社会发展的
主题、主线和“两个根本”

一是赋予“四个全面”战略布局新内涵。《建议》把“四个全面”战略布局中的“全面建成小康社会”修改为“全面建设社会主义现代

“四个全面”战略布局的变与不变

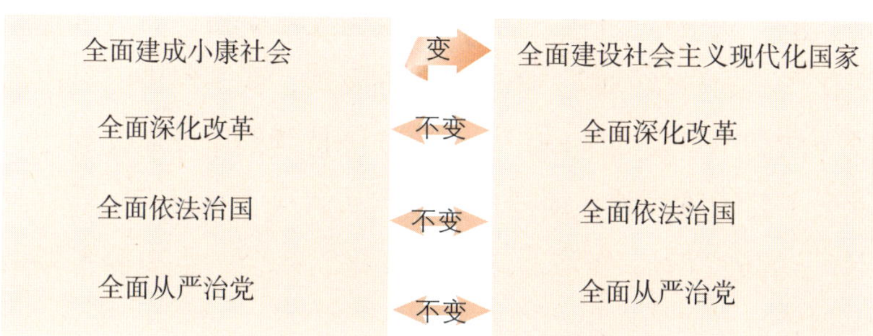

化国家”。这是因为全面建成小康社会这一历史任务即将完成，我们将开启全面建设社会主义现代化国家新征程。一词之变，意义非凡。

深阅读

《建议》的一个特点是确立了全面建设社会主义现代化国家在“四个全面”战略布局中的引领地位。“四个全面”战略布局是站在实现“两个一百年”奋斗目标和中华民族伟大复兴的中国梦这一历史高度提出来的，它不是一成不变的，而是与时俱进的，是我们党执政兴国的长期战略和阶段性目标的统一，具有长远的指导意义。深刻把握“四个全面”战略布局的新内涵，是深入学习和贯彻党的十九届五中全会精神的关键所在。处于引领地位的“全面建成小康社会”已修改为“全面建设社会主义现代化国家”，虽然另外三个“全面”文字表述上没有变化，但都随之有了新的更高的要求。“四个全面”战略布局内涵发生了变化，但系统观念这一具有基础性的思想和工作方法没有变，即紧紧抓住一个战略目标不动摇，紧紧抓住三个战略举措不放松，坚持系统谋划、统筹推进。

它体现了我们党与时俱进的理论品格，也展现了我们党在新的历史起点上接续奋斗、矢志不渝的历史担当。

二是提出要以推动高质量发展为主题。为什么主题是高质量发展而不是其他？从根本上讲，这是根据我国发展阶段、发展环境、发展条件变化作出的科学判断。经过多年的发展，我国经济已经由高速增长阶段转向高质量发展阶段。要解决经济持续健康发展的问题，解决我国社会主要矛盾，就必须把工作重点从解决“有没有”转移到解决“好不好”的问题上。经济、政治、文化、社会、生态等各领域，都要体现高质量发展的要求。

三是坚定不移贯彻新发展理念、加快构建新发展格局、深化供给侧结构性改革、统筹发展和安全、加快建设现代化经济体系等。这些都是党的十八大以来以习近平同志为核心的党中央在领导我国经济社会发展过程中提出的新理念新思想新战略，凝结着我们党对我国经济社会发展规律的深刻认识，也是下一步发展的思想指南。

可以说，“十四五”时期经济社会发展指导思想立意高远、全面系统、内涵丰富，涵盖了我国发展的一系列根本性原则性问题，具有很强的引领性战略性，必须认真学习领会、全面贯彻落实。

二、“十四五”时期经济社会发展必须遵循的原则

《建议》提出，“十四五”时期经济社会发展必须遵循的原则是：坚持党的全面领导，坚持以人民为中心，坚持新发展理念，坚持深化改革开放，坚持系统观念。这五个原则是我们党在总结长期以来特别是党的十八大以来实践经验基础上形成的规律性认识，是在新征程上推动我国发展必须牢牢把握的基本要求。

一是坚持党的全面领导。中国特色社会主义最本质的特征是中国

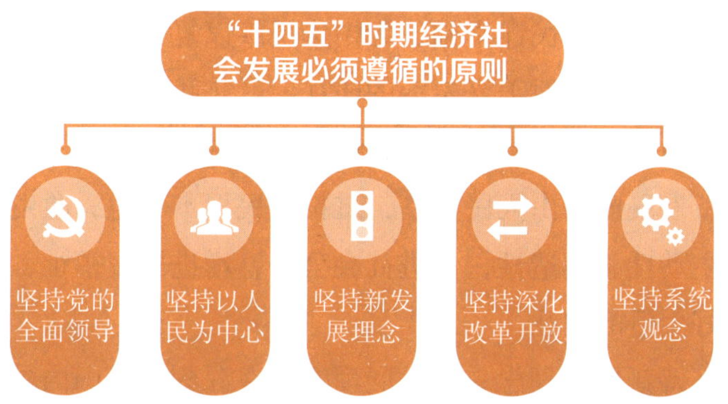

共产党领导，中国特色社会主义制度的最大优势是中国共产党领导。党的领导是做好党和国家各项工作的根本保证，是战胜一切困难和风险的"定海神针"。要坚持和完善党领导经济社会发展的体制机制，坚持和完善中国特色社会主义制度，不断提高贯彻新发展理念、构建新发展格局能力和水平，为实现高质量发展提供根本保证。

权威评论

江金权（中央政策研究室主任）:《建议》把坚持党的全面领导作为"十四五"时期经济社会发展必须遵循的首要原则。这是因为，坚持党的全面领导是实现"十四五"时期经济社会发展目标最根本的保证。"十四五"时期乃至更长时期，我国经济社会发展要破解许多难题，将会面临一系列风险挑战。越是这样，就越离不开中国共产党这个指引方向的指南针、凝心聚力的主心骨、社会稳定的压舱石，就越要坚持和加强党的全面领导。

二是坚持以人民为中心。这是由我们党的根本宗旨决定的，也是由我国经济社会发展的根本目的决定的。为谁发展、发展成果由谁共享，是经济社会发展的根本价值取向问题，也是判断马克思主义政党的试金石。为中国人民谋幸福、为中华民族谋复兴，是中国共产党人的初心和使命。人民对美好生活的向往，就是我们的奋斗目标。要坚持人民主体地位，坚持共同富裕方向，始终做到发展为了人民、发展依靠人民、发展成果由人民共享，维护人民根本利益，激发全体人民积极性、主动性、创造性，促进社会公平，增进民生福祉，不断实现人民对美好生活的向往。

三是坚持新发展理念。新发展理念是在深刻总结国内外发展经验教训、深刻分析国内外发展大势的基础上形成的，是针对我国发展中的突出矛盾和问题提出来的。坚持新发展理念是我国经济社会发展提质增效、提升台阶的必由之路。必须把新发展理念贯穿发展全过程和各领域，构建新发展格局，切实转变发展方式，推动质量变革、效率变革、动力变革，实现更高质量、更有效率、更加公平、更可持续、更为安全的发展。

四是坚持深化改革开放。改革开放是决定当代中国命运的关键一招，是党和人民大踏步赶上时代的重要法宝，也是推动我国未来更好发展的不竭动力。40 多年来，我国依靠改革开放取得了辉煌成就，下一步更要坚定不移推进改革，坚定不移扩大开放，加强国家治理体系和治理能力现代化建设，破除制约高质量发展、高品质生活的体制机制障碍，强化有利于提高资源配置效率、有利于调动全社会积极性的重大改革开放举措，持续增强发展动力和活力。

五是坚持系统观念。这是具有创造性的原则。马克思主义认为，事物是普遍联系的，整体大于局部的总和，整体决定局部。当前，我国发展不平衡不充分问题仍然突出，经济社会发展中的矛盾错综复杂，必须从系统观念出发加以谋划和解决，全面协调推动各领域工作和社会主义现代化建设。必须加强前瞻性思考、全局性谋划、战略性布局、整体性推进，统筹国内国际两个大局，办好发展安全两件大事，坚持全国一盘棋，更好发挥中央、地方和各方面积极性，着力固根基、扬优势、补短板、强弱项，注重防范化解重大风险挑战，实现发展质量、结构、规模、速度、效益、安全相统一。

三、“十四五”时期经济社会发展主要目标

《建议》提出了“十四五”时期经济社会发展主要目标，总结起来就是“六个新”。

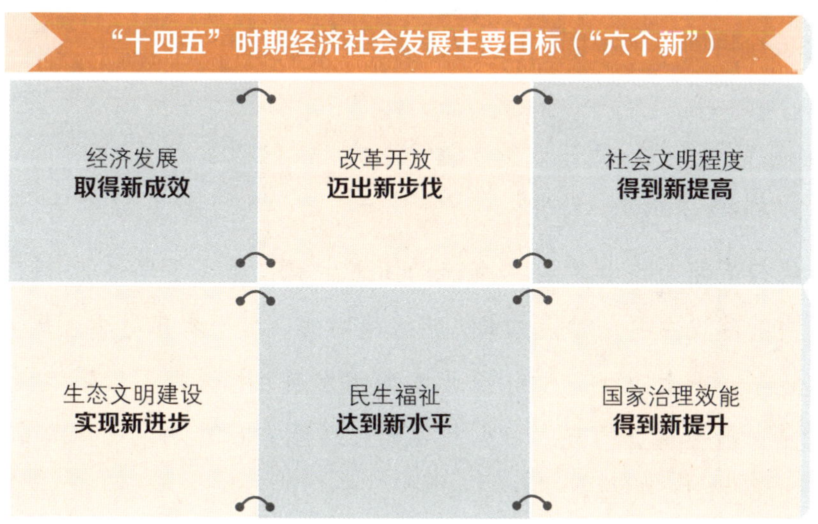

一是经济发展取得新成效。发展是解决我国一切问题的基础和关键，发展必须坚持新发展理念，在质量效益明显提升的基础上实现经济持续健康发展，增长潜力充分发挥，国内市场更加强大，经济结构更加优化，创新能力显著提升，产业基础高级化、产业链现代化水平明显提高，农业基础更加稳固，城乡区域发展协调性明显增强，现代化经济体系建设取得重大进展。

二是改革开放迈出新步伐。社会主义市场经济体制更加完善，高标准市场体系基本建成，市场主体更加充满活力，产权制度改革和要素市场化配置改革取得重大进展，公平竞争制度更加健全，更高水平开放型经济新体制基本形成。

三是社会文明程度得到新提高。社会主义核心价值观深入人心，人民思想道德素质、科学文化素质和身心健康素质明显提高，公共文化服务体系和文化产业体系更加健全，人民精神文化生活日益丰富，中华文化影响力进一步提升，中华民族凝聚力进一步增强。

四是生态文明建设实现新进步。国土空间开发保护格局得到优化，生产生活方式绿色转型成效显著，能源资源配置更加合理、利用效率大幅提高，主要污染物排放总量持续减少，生态环境持续改善，生态安全屏障更加牢固，城乡人居环境明显改善。

权威声音

习近平（中共中央总书记、国家主席、中央军委主席）：党中央的建议主要是管大方向、定大战略的。综合考虑各方面因素，建议稿对“十四五”和到2035年经济发展目标采取了以定性表述为主、蕴含定量的方式。编制规划《纲要》时可以在认真测算基础上提出相应的量化目标。

五是民生福祉达到新水平。实现更加充分更高质量就业，居民收入增长和经济增长基本同步，分配结构明显改善，基本公共服务均等化水平明显提高，全民受教育程度不断提升，多层次社会保障体系更加健全，卫生健康体系更加完善，脱贫攻坚成果巩固拓展，乡村振兴战略全面推进。

六是国家治理效能得到新提升。社会主义民主法治更加健全，社会公平正义进一步彰显，国家行政体系更加完善，政府作用更好发挥，行政效率和公信力显著提升，社会治理特别是基层治理水平明显提高，防范化解重大风险体制机制不断健全，突发公共事件应急能力显著增强，自然灾害防御水平明显提升，发展安全保障更加有力，国防和军队现代化迈出重大步伐。

深阅读

“六个新”发展目标涵盖经济社会发展工作全局，体现出我们党对发展规律的深刻认识，对发展阶段的充分把握，对发展格局的成熟驾驭。当前，我国已转向高质量发展阶段，发展的环境、条件、任务、要求等都发生了新的变化。一方面，制度优势显著，治理效能提升，经济长期向好，继续发展具有多方面优势和条件。另一方面，发展不平衡不充分问题仍然突出，重点领域关键环节改革任务仍然艰巨，创新能力不适应高质量发展要求，农业基础还不稳固，城乡区域发展和收入分配差距较大，生态环保任重道远，民生保障存在短板，社会治理还有弱项。“六个新”发展目标既抓住了制约发展的症结，又开出了解决问题的良方，为破解发展难题、增强发展动力、厚植发展优势提供了遵循，顺应了中国经济实现高质量发展、构建新发展格局的新要求。

“六个新”锚定2035年远景目标，综合考虑国内外发展趋势和我国发展条件，涵盖经济社会发展的方方面面，明确了未来五年我们的努力方向。它体现了坚持目标导向和问题导向相结合，以基本实现社会主义现代化为导向，把发展质量问题摆在更加突出的位置；体现了坚持守正和创新相统一，注重“两个一百年”奋斗目标的有机衔接，把开启全面建设社会主义现代化国家新征程作为设定“十四五”时期发展目标的重要准绳。

总的来说，《建议》提出的指导思想、必须遵循的原则和主要目标，是一个相互贯通的有机整体，为我国今后一个时期发展指明了总方向，提供了总遵循。

第三讲

坚持创新驱动发展

一 强化国家战略科技力量

二 提升企业技术创新能力

三 激发人才创新活力

四 完善科技创新体制机制

创新是引领发展的第一动力，决定着发展的速度、效能、可持续性。对我国这样大体量的经济体来讲，如果动力问题解决不好，要实现经济高质量发展是难以做到的。《建议》提出，坚持创新在我国现代化建设全局中的核心地位，把科技自立自强作为国家发展的战略支撑，面向世界科技前沿、面向经济主战场、面向国家重大需求、面向人民生命健康，深入实施科教兴国战略、人才强国战略、创新驱动发展战略，完善国家创新体系，加快建设科技强国。《建议》专门用一个部分对科技创新进行了部署，并将其摆在各项规划任务的首位，充分凸显了科技创新在新发展阶段党和国家事业全局中的战略地位和重要作用。

一、强化国家战略科技力量

关键核心技术是要不来、买不来、讨不来的。不掌握核心技术，就好比在别人的墙基上砌房子，房子盖得越高，风险也就越大。一些“卡脖子”的核心技术受制于人是我国发展的最大隐患。所以，我们必须丢掉幻想，发扬独立自主、自力更生的精神，举全国之力，大力提

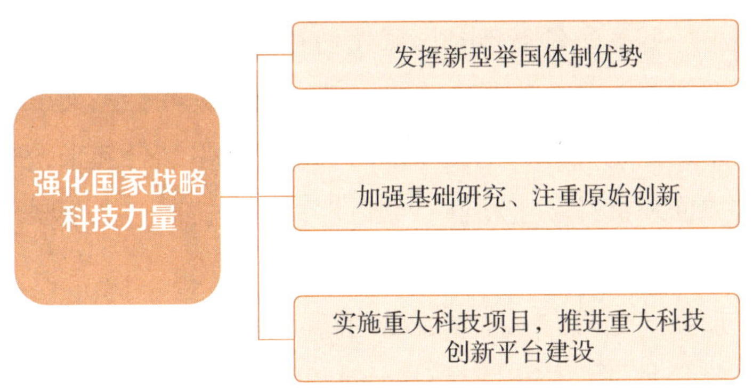

权威评论

王志刚（科技部党组书记、部长）：科技创新历来都在国家发展、人类进步中发挥着重要作用，当前和今后这个作用将会更加凸显、更加重要。中国进入新发展阶段，需要新发展理念，构建新发展格局，所以《建议》提出坚持创新在我国现代化建设全局中的核心地位，把科技自立自强作为国家发展战略支撑，摆在各项规划任务的首位，进行专章部署。这是我们党编制五年规划建议历史上的第一次，也是以习近平同志为核心的党中央把握世界发展大势、立足当前、着眼长远作出的战略布局。

升自主创新能力，彻底打破核心技术受制于人的困境，从根本上保障国家经济安全、国防安全和其他方面的安全。为此，《建议》提出，要强化国家战略科技力量，发挥国家的主导作用，调动全国资源、集中优势力量，攻克关键技术堡垒。

一是发挥新型举国体制优势。《建议》提出，制定科技强国行动纲要，健全社会主义市场经济条件下新型举国体制，打好关键核心技术攻坚战，提高创新链整体效能。当前，新一轮科技革命和产业变革深入发展，一些竞争领域涉及国家发展和安全特定目标，需要发挥新型举国体制优势，集中力量办大事。我们要发挥社会主义市场经济条件下新型举国体制优势，把国家战略和市场力量结合起来，充分调动和发挥各方面积极性、主动性、创造性，左右协同、上下联动，形成强大合力。

二是加强基础研究、注重原始创新。基础研究具有先导性、战略性、公益性等特征。产出重大原始创新成果，需要长期的研究积累。原始创新是属于“从 0 到 1”的首创，是“无中生有”的质变，具有很强的探索性和不确定性，往往是新技术、新发明的先导，除了对科技创新具有重大牵引作用，还可能带来经济结构和产业形态的重大变革。因此，《建议》提出，要加强基础研究、注重原始创新，优化学科布局和研发布局，推进学科交叉融合，完善共性基础技术供给体系。就是要集中优势，把力量投入到基础研究和原始创新上，稳定支持一批科学家和团队长期从事基础学科、冷门学科研究，提升基础理论研究能力，推动我国科技创新实现质的飞跃。

三是实施重大科技项目，推进重大科技创新平台建设。《建议》提出，要瞄准人工智能、量子信息、集成电路、生命健康、脑科学、生物育种、空天科技、深地深海等前沿领域，实施一批具有前瞻性、战略性的国家重大科技项目；制定实施战略性科学计划和科学工程，推进科研院所、高校、企业科研力量优化配置和资源共享；推进国家实验室建设，重组国家重点实验室体系；布局建设综合性国家科学中心和区域性创新高地，支持北京、上海、粤港澳大湾区形成国际科技创新中心；构建国家科研论文和科技信息高端交流平台。

二、提升企业技术创新能力

企业是科技创新中最活跃的主体，是推动创新创造的生力军。在历史上，很多科技创新成果都是由企业完成的，很多基础研究方面的创新也都是通过企业转化为产品的。企业是营利性组织，要获得超额利润、维持利润水平，确保自身不在竞争中被淘汰，就要持续推出新产品、新工艺、新技术，不断进行技术创新。

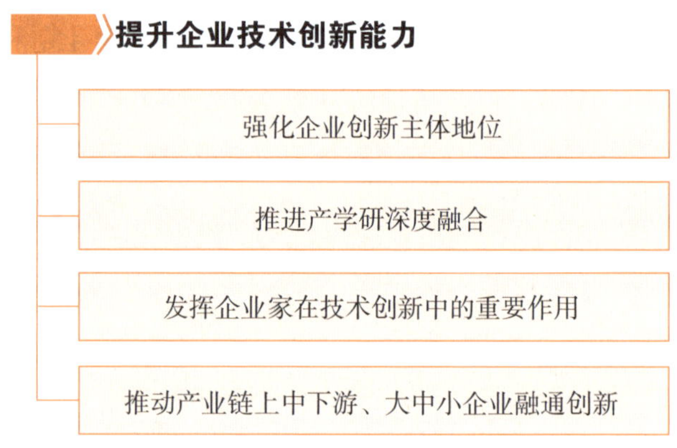

一是强化企业创新主体地位。面对国内外环境发生的深刻复杂变化，积极推动科学研究向高精尖发展，加快应用基础研究成果转化，打通产学研用通道，都需要夯实企业的创新主体地位。我国很多产业链和供应链都需要科技解决方案，提供这种解决方案的只能是奋战在一线的千千万万科技工作者和市场主体。《建议》提出，要强化企业创新主体地位，促进各类创新要素向企业集聚，目的就是要推动企业成为技术创新决策、研发投入、科研组织和成果转化的主体，培育一批核心技术能力突出、集成创新能力强的创新型领军企业。

二是推进产学研深度融合。产学研深度融合，尤其是企业、高校和科研院所等产学研主体的深度融合，有利于形成创新合力。《建议》提出，要推进产学研深度融合，支持企业牵头组建创新联合体，承担国家重大科技项目。针对当前存在的“学”“研”与“产”脱节的突出问题，要进一步明确和强化企业在产学研深度融合中的主体地位，不断加大对企业创新的支持力度，积极支持企业与高校、科研院所的联合创新。

三是发挥企业家在技术创新中的重要作用。我国企业家群体在改革开放大潮中成长壮大，在创新创业中发挥着“领头羊”作用，为推动技术创新作出了重要贡献。《建议》提出，要发挥企业家在技术创新中的重要作用，鼓励企业加大研发投入，对企业投入基础研究实行税收优惠。这有利于企业家激发技术创新的动力，做创新发展的探索者、组织者、引领者。

权威声音

习近平（中共中央总书记、国家主席、中央军委主席）：企业家创新活动是推动企业创新发展的关键……改革开放以来，我国经济发展取得举世瞩目的成就，同广大企业家大力弘扬创新精神是分不开的。创新就要敢于承担风险。敢为天下先是战胜风险挑战、实现高质量发展特别需要弘扬的品质……企业家要做创新发展的探索者、组织者、引领者，勇于推动生产组织创新、技术创新、市场创新，重视技术研发和人力资本投入，有效调动员工创造力，努力把企业打造成为强大的创新主体。

四是推动产业链上中下游、大中小企业融通创新。大企业是技术创新的关键力量，具有显著的外溢和带动效应。中小企业在技术创新中的作用十分突出，目前我国 70% 以上的技术创新来自中小企业。

数据来源：《人民日报》

《建议》提出，要发挥大企业引领支撑作用，支持创新型中小微企业成长为创新重要发源地，加强共性技术平台建设，推动产业链上中下游、大中小企业融通创新。既要鼓励大企业发挥其在技术创新中的强大带动作用，又要加大对中小微企业创新和专业化发展的支持力度，支持它们研发"专精特新"产品。

三、激发人才创新活力

人才是创新的第一资源，是科技创新的核心和关键。不论是硬实力还是软实力，归根到底都要靠人才实力来支撑。历史证明，谁拥有了一流创新人才、拥有了一流科学家，谁就能在科技创新中占据优势。我国要成为世界科技强国，关键是要建设一支规模宏大、结构合理、素质优良的创新人才队伍，激发各类人才的创新活力和潜力。

新中国成立以来，广大科技工作者发挥聪明才智、付出艰辛努力，推动我国科技实现了从"一穷二白"到"在世界高科技领域占有一席之地"的跨越，开创了"跟跑、并跑、领跑"并存的局面。今天，我国科技人才队伍建设取得长足进步，人才培养和科技事业相互成就，科技工作者队伍不断扩大。雄厚的智力储备成为实施创新驱动发展战略、推动高质量发展的宝贵资源，成为中国科技爬坡

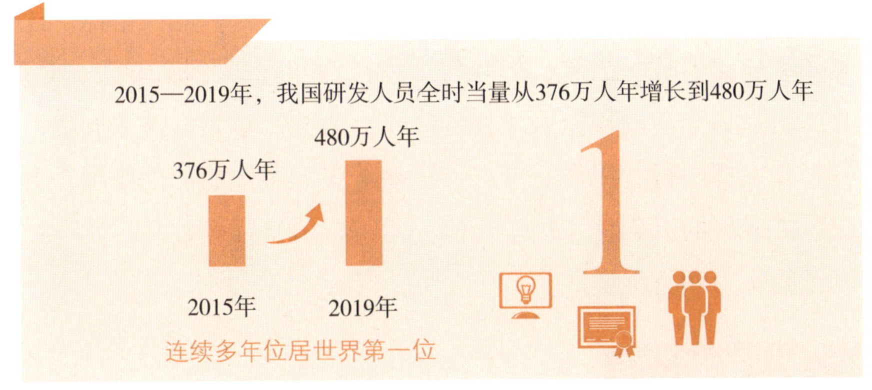

数据来源：《科技日报》

过坎再上新台阶的底气。

同时要看到，虽然我国科技人才队伍规模在世界上首屈一指，但高水平创新人才仍然不足，特别是科技领军人才匮乏，科研人员开展原创性科技创新的积极性、主动性、创造性还没有被充分激发出来。因此，《建议》提出，要激发人才创新活力。这就要求我们贯彻尊重劳动、尊重知识、尊重人才、尊重创造方针，深化人才发展体制机制改革，全方位培养、引进、用好人才，造就更多国际一流的科技领军人才和创新团队，培养具有国际竞争力的青年科技人才后备军。

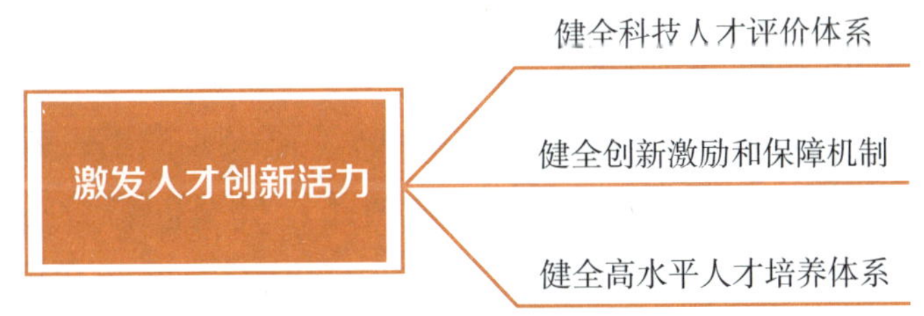

一是健全科技人才评价体系。实践表明，评价体系具有指挥棒和风向标的作用，科技人才评价导向是一个国家科技创新和发展能力的重要影响因素。长期以来，我国科技人才评价体系存在评价标准不科学、评价社会化程度不高等问题，“唯论文、唯帽子、唯职称、唯学历、唯奖项”的“五唯”现象比较突出，名目繁多的评审评价让科技工作者应接不暇。因此，《建议》提出，要健全以创新能力、质量、实效、贡献为导向的科技人才评价体系。为此，必须打破“五唯”怪圈，有效发挥同行、用户、市场、社会等多元主体的评价作用，有效反映科技成果的原创性、科学价值、经济价值、社会效益，让科技人才真正凭实力和贡献说话。

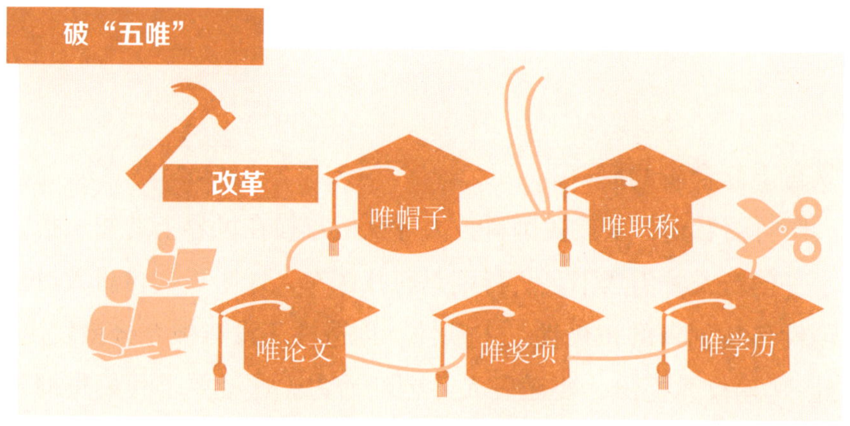

二是健全创新激励和保障机制。长期以来，聚集了我国大量科研人员的高校和科研院所存在发明技术质量不高、科技成果转化率低、转化周期长的问题，其深层原因就是缺乏相应的激励机制和利益分配机制。现实中，一些科研活动只是抱着“评职称”“报奖励”的目的展开，没有科研价值和社会价值。因此，《建议》提出，要加强学风建设，坚守学术诚信；深化院士制度改革；健全创新激励和保障机制，构建充分体现知识、技术等创新要素价值的收益分配机制，完善科研人员职务发明成果权益分享机制。通过加强学风建设、明确分配导向、完善分配机制，使科研人员的收入与其创造的科学价值、经济价值、社会价值密切联系，切实调动科研人员的创新积极性，增强他们在发明成果收益中的获得感。

三是健全高水平人才培养体系。十年树木，百年树人。科技人才

深阅读

党的十八大以来，以习近平同志为核心的党中央加快人才强国建设步伐，推动我国人才事业蓬勃发展，不断开创人才工作新局面。2016 年 3 月，中共中央颁布《关于深化人才发展体制机制改革的意见》；2017 年 1 月，中共中央办公厅、国务院办公厅印发《关于深化职称制度改革的意见》；2018 年 7 月，中共中央办公厅、国务院办公厅印发《关于深化项目评审、人才评价、机构评估改革的意见》等。截至 2018 年年底，我国科技人力资源总量达 10154.5 万人，规模继续保持世界第一。2019 年我国入选全球“高被引科学家”名单的人数位居世界第二位。

都是培养出来的，因此必须建立适应我国科技创新要求的人才培养体系。《建议》提出，要加强创新型、应用型、技能型人才培养，实施知识更新工程、技能提升行动，壮大高水平工程师和高技能人才队伍；支持发展高水平研究型大学，加强基础研究人才培养；实行更加开放的人才政策，构筑集聚国内外优秀人才的科研创新高地。这就要求我们必须坚持“引育并举”，培养和引进两手抓，统筹国际国内人才资源，充分发挥我国高校和科研院所的人才培养功能，坚持海纳百川的开放思想和全球视野，构建有效的引才用才机制，形成天下英才聚神州的生动局面。

四、完善科技创新体制机制

创新决胜未来，改革关乎国运。科技领域是尤为需要不断改革的领域。近年来，我国科技创新体制改革全面发力、多点突破、纵深发展，改革主体架构已经确立，重要领域和关键环节改革取得实质性突破。但与建设世界科技强国的要求相比，我国科技创新体制机制还存在许多短板，创新环境不够完善，基础研究投入不足，科研项目和管理水平有待提升，这大大影响了我国科技创新的动力和活力。推进自主创新，最紧迫的任务是破除体制机制障碍，最大限度解放和激发科技作为第一生产力所蕴藏的巨大潜能。所以，《建议》明确了完善科技创新体制机制的重大任务，并作出一系列部署。

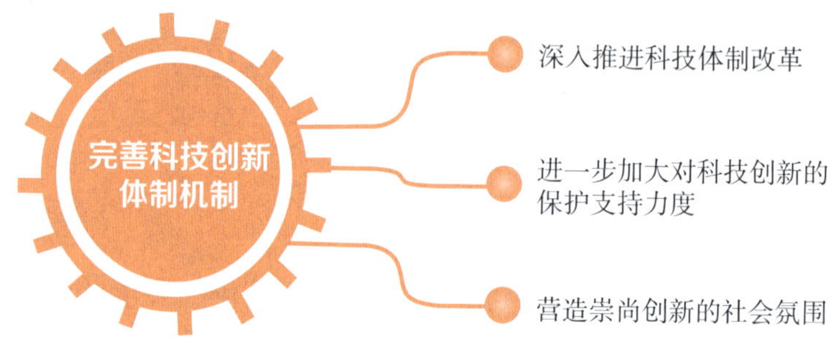

一是深入推进科技体制改革。《建议》提出，要完善国家科技治理体系，优化国家科技规划体系和运行机制，推动重点领域项目、基地、人才、资金一体化配置；改进科技项目组织管理方式，实行“揭榜挂帅”等制度；完善科技评价机制，优化科技奖励项目；加快科研院所改革，扩大科研自主权。所谓“揭榜挂帅”制度，就是把需要的关键核心技术张出榜来，谁有本事谁就揭榜。这是求贤纳才的一个良策，传递的是“不拘一格降人才”的用人导向，彰显的是国家破除人才论资排辈的决心，有利于使重点项目攻关得到高效落实和迅速推进。

二是进一步加大对科技创新的保护支持力度。《建议》提出，要加强知识产权保护，大幅提高科技成果转移转化成效；加大研发投

深阅读

习近平总书记多次强调，关键核心技术攻关可以搞揭榜挂帅，英雄不论出处，谁有本事谁就揭榜。“揭榜挂帅”诠释的是一种全新的用人理念，体现的是强烈的人才意识，说到底，就是瞄准关键核心技术进行重点攻关，建立一套选贤任能、让能者脱颖而出的体制机制。2018 年，工业和信息化部发布了《新一代人工智能产业创新重点任务揭榜工作方案》，目的是通过“揭榜挂帅”的方法，挑选一批创新能力强、掌握关键核心技术的企业。后来，一批 AI 领域的创新型民营企业拿下了这些任务。

入，健全政府投入为主、社会多渠道投入机制，加大对基础前沿研究支持；完善金融支持创新体系，促进新技术产业化规模化应用；促进科技开放合作，研究设立面向全球的科学研究基金。目的在于通过一系列措施，扩大科技研究的资金来源，力争使科技创新“不差钱”，让科技工作者能够心无旁骛地进行科技创新。

三是营造崇尚创新的社会氛围。崇尚创新的文化环境对创新型科技人才发展具有重要的积极影响。创新的本质是突破和创造，即突破旧的思维定式、旧的常规戒律、旧的条条框框，具体表现为后人对前人的超越，把前人认为不可能的事情变成可能。这就意味着创新总会伴有风险，意味着未知和不确定性，意味着出错和失败在所难免。因此，《建议》专门指出，要弘扬科学精神和工匠精神，加强科普工作，营造崇尚创新的社会氛围。这就需要建立健全鼓励创新、宽容失败的容错纠错机制，在制度设计、舆论导向上鼓励创新，增强科技人才敢为人先、勇于冒尖、大胆质疑的创新自信，让敢创新、会创新、能创新的人受到尊重，从而调动社会的创新热情。

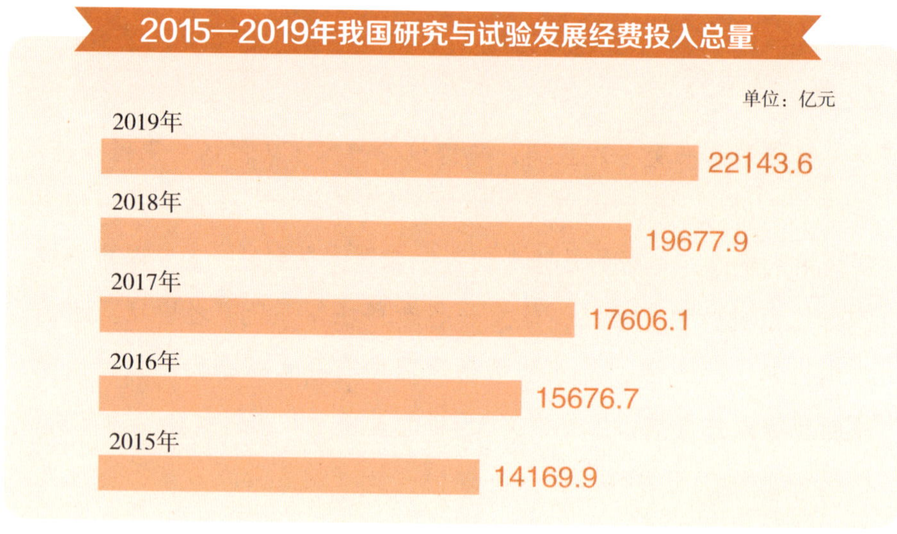

数据来源：《人民日报》

总之，要通过改革激发科技创新的不竭动力，打破繁文缛节、条条框框，破除一切不利于科技创新的体制枷锁和机制束缚，把蕴藏的巨大创新潜能有效释放出来，让一切创新源泉充分涌流。

第四讲

推动经济体系优化升级

一 提升产业链供应链现代化水平

二 发展战略性新兴产业

三 加快发展现代服务业

四 统筹推进基础设施建设

五 加快数字化发展

产业是立国之本。加快发展现代产业体系，既是推动我国经济迈向高质量发展的重要基础，也是增强我国国际竞争力的关键环节。《建议》提出了“加快发展现代产业体系，推动经济体系优化升级”的任务，强调坚持把发展经济着力点放在实体经济上，坚定不移建设制造强国、质量强国、网络强国、数字中国，推进产业基础高级化、产业链现代化，提高经济质量效益和核心竞争力。这是对未来我国经济发展着力点的精准定位，指明了我国产业发展和经济体系升级的方向。

一、提升产业链供应链现代化水平

产业链供应链在关键时刻不能掉链子，是大国经济必须具备的重要特征。经过多年持续发展，我国已形成规模庞大、配套齐全的完备产业体系，拥有 41 个工业大类、207 个工业中类、666 个工业小类，是全世界唯一拥有联合国产业分类中所列全部工业门类的国家。

但是，同世界工业强国相比，我国产业链供应链总体水平仍大而

我国已形成规模庞大、配套齐全的完备产业体系

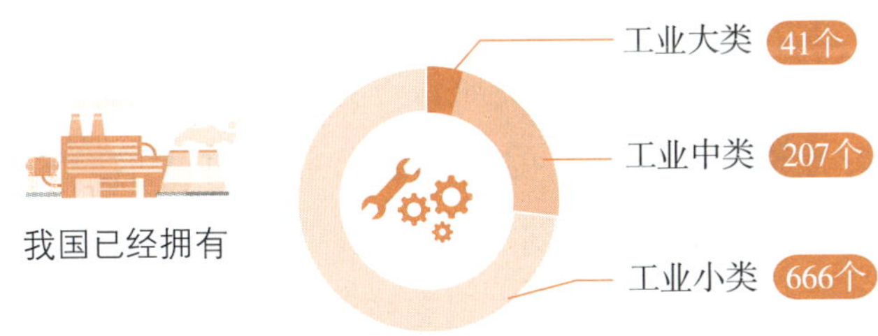

是全世界唯一拥有联合国产业分类中所列全部工业门类的国家

钢铁、汽车、手机等220多种工业品产量居世界第一

不强、大而不优，许多产业面临“缺芯”“少核”“弱基”的窘境，处于全球价值链中低端水平，位于产业经济学中“微笑曲线”的底部区域。产业链供应链是大国经济循环畅通的关键，提升产业链供应链现代化水平是推动我国经济高质量发展的重要任务。因此，《建议》提出了提升产业链供应链现代化水平的任务，并部署了稳定制造业、锻造长板、补齐短板等多项任务。

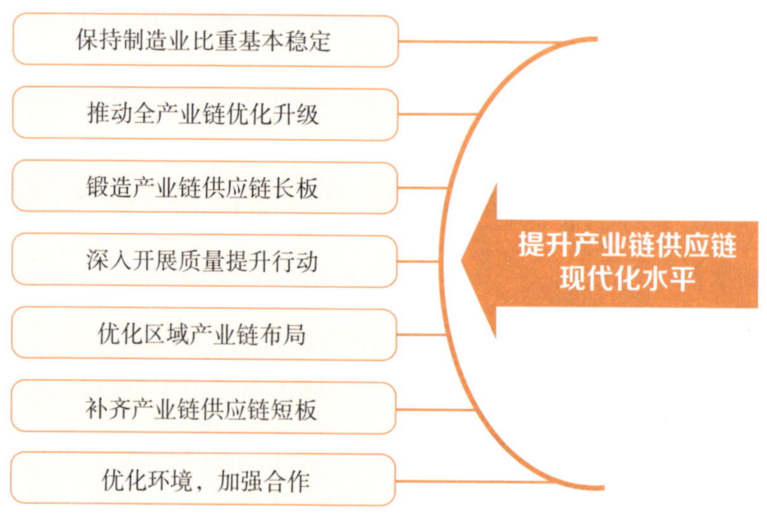

一是保持制造业比重基本稳定。制造业是实体经济的重要根基，是国家创造力、竞争力和综合国力的重要体现，体现社会生产力的发展水平。我国是世界制造业第一大国，但我国制造业占国民经济的比重已从2012年的31.4%下降至2019年的27.2%。如果制造业比重下降过快，将损害国家产业体系完整性，影响产业链供应链稳定性和竞争力。为此，《建议》提出，要保持制造业比重基本稳定，巩固壮大实体经济根基。我们必须深刻汲取一些国家“产业空心化”的教训，巩固制造业在国民经济中的基础和支柱地位，把推动制造业高质量发展摆在更加突出的位置，坚定不移建设制造强国。

二是推动全产业链优化升级。《建议》提出，坚持自主可控、安全高效，分行业做好供应链战略设计和精准施策，推动全产业链优化

2019年中国制造业成绩单

综合实力再上台阶

★增速高

我国全部工业增加值

24.54万亿元 2016年

31.71万亿元 2019年

年均增长5.9%，远高于同期世界工业2.9%的年均增速

★规模大

2019年我国制造业增加值占全球比重达

28.1%

比2015年提高1.8个百分点，连续10年保持世界第一制造大国地位

创新能力显著提高

2019年规模以上工业企业研发投入强度达1.32%

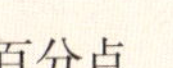

比2015年提高0.42个百分点

产业结构持续优化

2019年装备制造业增加值占规模以上工业增加值的比重比2015年提高0.7个百分点

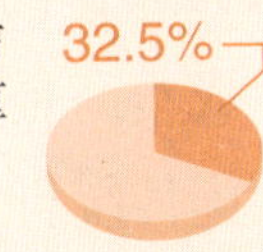

14.4%

高技术制造业增加值占规模以上工业增加值的比重比2015年提高2.6个百分点

优质企业加快壮大，龙头企业全球竞争力持续增强

2020年《财富》世界500强企业中，我国上榜制造业公司数量达到38家，2020年全球最具价值品牌500强中，制造业品牌18个上榜

开放水平不断提升

一般制造业有序放开，汽车、船舶、飞机相关领域正逐步取消股比限制，高铁、核电、卫星等成体系走出国门

2019年，工业产品出口覆盖近200个国家和地区

数据来源：《人民日报》

升级。打造自主可控、安全高效的产业链供应链是我国经济体系优化升级的必然要求。下一步，要着力打通产业链“堵点”，补上产业链“断点”，推动产业链供应链优化升级，增强产业链供应链抗风险能力，加快向价值链中高端迈进。

三是锻造产业链供应链长板。拥有一批优势长板是产业链供应链现代化的重要标志。我们要将产业链供应链中有一定基础的部分转化为“中国优势”，变成我国参与国际竞争的砝码。《建议》提出，要立足我国产业规模优势、配套优势和部分领域先发优势，打造新兴产业链，推动传统产业高端化、智能化、绿色化，发展服务型制造。这就要求我们巩固提升优势产业的国际领先地位，锻造一些“撒手锏”技术，持续增强高铁、电力装备、新能源、通信设备等领域的全产业链优势，提升产业质量，拉紧国际产业链对我国的依存关系，形成对外方人为断供的强有力反制和威慑能力。同时，针对传统比较优势弱化、成本高企、资源环境约束趋紧、体制机制制约等突出问题，要加快实施传统行业改造升级，加大企业设备更新和技术改造力度，提高传统产业发展质量和效益，推动传统优势产业内涵式发展，不断增强传统产业核心竞争力。

四是深入开展质量提升行动。《建议》提出，完善国家质量基础设施，加强标准、计量、专利等体系和能力建设，深入开展质量提升行动。质量是产业竞争力的重要组成部分，提高产品和服务质量是提升产业链供应链现代化水平的重要途径。要看到，我国经济发展的传统优势正在减弱，实体经济结构性供需失衡矛盾和问题突出，特别是中高端产品和服务有效供给不足，迫切需要下最大气力全面提高质量，推动我国经济发展进入质量时代。必须牢固树立质量第一的强烈意识，坚持优质发展、以质取胜，加强全面质量监管，全面提升产品、工程和服务质量。

五是优化区域产业链布局。《建议》提出，促进产业在国内有序转移，优化区域产业链布局，支持老工业基地转型发展。要支持中西部地区精准承接东部产业转移，在中西部重点区域和国际贸易陆海新通道重要节点城市，选择若干具有区域竞争优势和影响力的地区，建设一批承接制造业转移示范区，采取相关优惠政策，吸引东部地区企业特别是产业链龙头企业向这些地区转移。

六是补齐产业链供应链短板。木桶效应告诉我们，一只水桶能装多少水取决于它最短的那块木板。在充分肯定我国产业链优势的同时，也要看到我国仍存在原创性科技成果相对较少、一些关键核心技术仍然受制于人的问题，部分关键零部件的进口依赖度过大，部分产业链供应链可替代性较强、掌控力较弱。尽快补齐产业链供应链短板，是提升我国产业链供应链现代化水平的迫切要求。《建议》提出，要实施产业基础再造工程，加大重要产品和关键核心技术攻关力度，发展先进适用技术，推动产业链供应链多元化。这就要求我们持续提升产业基础能力和产业链现代化水平，在关系国家安全的领域和节点构建自主可控、安全可靠的国内生产供应体系，在关键时刻可以做到自我循环，确保在极端情况下经济正常运转。

权威声音

习近平（中共中央总书记、国家主席、中央军委主席）：只有把关键核心技术掌握在自己手中，才能从根本上保障国家经济安全、国防安全和其他安全。要增强“四个自信”，以关键共性技术、前沿引领技术、现代工程技术、颠覆性技术创新为突破口，敢于走前人没走过的路，努力实现关键核心技术自主可控，把创新主动权、发展主动权牢牢掌握在自己手中。

七是优化环境，加强合作。《建议》提出，优化产业链供应链发展环境，强化要素支撑；加强国际产业安全合作，形成具有更强创新力、更高附加值、更安全可靠的产业链供应链。良好的发展环境是提升产业链供应链水平的前提和保障，要破除阻碍生产要素市场化配置和商品服务流通的体制机制障碍，完善促进消费的体制机制，强化技术、资本、人才等对产业链供应链的支撑。同时，要加强国际产业安全合作，进一步放宽市场准入限制，积极主动地推动形成维护全球产业链供应链安全的国际共识和准则。

二、发展战略性新兴产业

战略性新兴产业是以重大技术突破和重大发展需求为基础，对经济社会全局和长远发展具有重大引领带动作用，知识技术密集、物质资源消耗少、成长潜力大、综合效益好的产业。战略性新兴产业是引领国家未来发展的重要决定性力量，对我国形成新的竞争优势和实现跨越式发展至关重要。我国要在一个更加不稳定不确定的世界环境中谋求发展，必须通过加快战略性新兴产业发展来掌握主动权。

"十三五"时期，我国以新一代信息技术、生物技术、高端装备、绿色低碳等为代表的战略性新兴产业发展迅速，技术创新加快，规模不断扩大，涌现出一大批发展潜力大的优质企业和产业集群。这推动了我国传统产业转型升级，加快了绿色低碳经济发展，对我国尽快摆脱传统产业高耗能高污染低产出发展模式、促进资源节约和环境改善发挥了重要作用，成为引领经济高质量发展的重要引擎。根据这个实际情况，《建议》在准确研判世界科技进步和我国产业发展的基础上，对发展战略性新兴产业进行了部署。

一是加快壮大一批战略性新兴产业。《建议》提出，加快壮大新一代信息技术、生物技术、新能源、新材料、高端装备、新能源汽车、绿色环保以及航空航天、海洋装备等产业。这指明了"十四五"

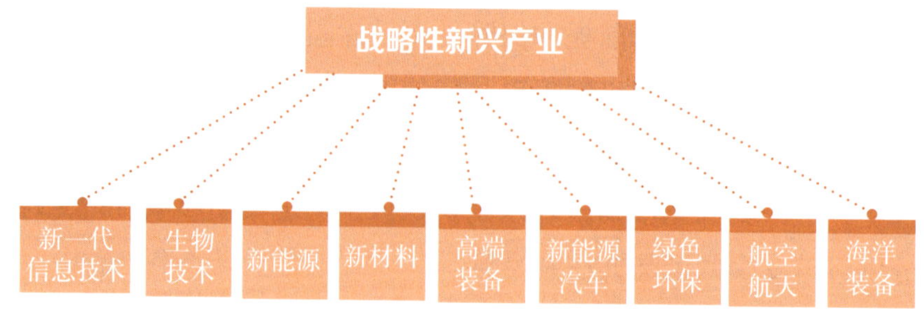

时期发展壮大战略性新兴产业的方向和重点领域。既要优化发展已有一定基础的新兴产业，也要前瞻性谋划布局一批新兴产业。

二是构建战略性新兴产业增长引擎。《建议》提出，推动互联网、

权威评论

王志军（工业和信息化部党组成员、副部长）：落实《建议》要求，我国将加快工业互联网、大数据、人工智能、先进通信、集成电路、超高清显示等技术创新和应用，全面提升信息技术产业核心竞争力。加快生物医药、生物农业、生物制造、基因技术应用服务等产业化发展，壮大生物产业。加大核能、太阳能、风能、氢能、生物质能等新能源技术研发和应用，提高能源产业中的新能源生产比重。发展先进无机非金属材料、高性能复合材料、新型功能稀土材料、信息功能材料、纳米材料等前沿新材料，实施材料基因工程，加快建设材料强国。推进重大装备与系统技术工程化应用和产业化发展，加快形成分布式、个性化、柔性化、智能化的新型高端装备发展模式。加快汽车电动化、智能化、网联化进程，推动氢燃料电池汽车产业化，大力发展新能源汽车产业。加大煤炭清洁高效利用，发展节能和环境治理新技术，扩大资源循环利用，壮大节能环保低碳产业。加快航空发动机及机载设备等技术研发，完善卫星及应用基础设施建设，加强遥感、通信、导航等卫星应用，大力发展航空航天产业。提升大型船舶、海工装备研发制造能力，发展智能船舶、特种船舶等高技术船舶和各类海洋工程平台、油气资源勘探开采储运等高端设备，构建船舶和海洋工程装备先进制造业集群。进一步发展虚拟现实/增强现实（VR/AR）、数字文化内容创作等创意产业。

大数据、人工智能等同各产业深度融合，推动先进制造业集群发展，构建一批各具特色、优势互补、结构合理的战略性新兴产业增长引擎，培育新技术、新产品、新业态、新模式。当前，互联网已经深刻改变了我国的零售、物流、交通、金融、住宿、餐饮、旅游、娱乐等服务业。《建议》提出的这一举措适应了形势要求，将为国民经济发展注入源源不断的新动力。

三是促进平台经济、共享经济健康发展。平台经济、共享经济是利用互联网等新一代技术发展起来的新型经济形态，对推动产业升级、拓展消费市场、增强发展动能具有重要作用。今天，各式各样的电商、快递、移动支付、共享单车等，都是平台经济、共享经济蓬勃发展的体现。在工业领域，推动"互联网+"，可以把闲置的资源带动起来，促进技术创新。在社会领域，"互联网+医疗健康""互联网+养老助幼""互联网+教育"可以联动许多方面，能让更多的人享有优质的医疗、养老、教育资源，极大地释放市场活力和社会创造力。

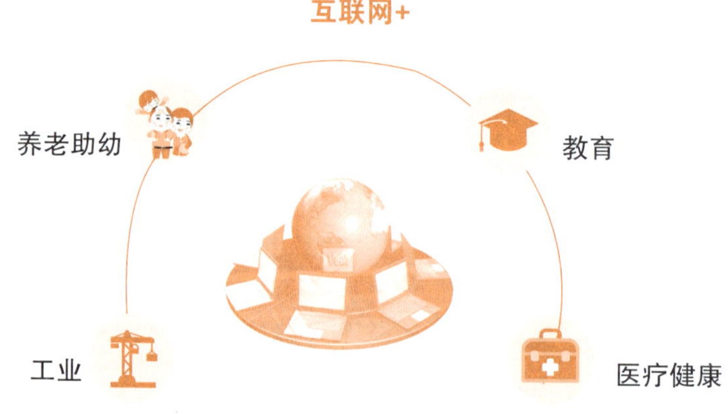

促进平台经济、共享经济健康发展

四是鼓励企业兼并重组，防止低水平重复建设。在战略性新兴产业发展的早期阶段，部分地方存在"重规模、轻效益，重数量、轻质量"等问题，存在"一哄而上"的冲动投资、主导产业选择趋同、产业发展缺乏特色等现象，出现了部分新兴领域的低水平重复建设。这不仅影响资源有效配置，而且带来产能过剩隐忧。《建议》提出要鼓励企业兼并重组，就是要发挥其“聚变”效应，推动战略性新兴产业健康稳步发展。

三、加快发展现代服务业

2020 年 9 月 4 日，中国国际服务贸易交易会全球服务贸易峰会在北京开幕。服贸会为中国服务业提供了大型的综合交易平台，促进全球服务贸易互惠共享、学习交流，促进中国服务业、服务贸易交流与发展。目前，服务业已占中国经济的“半壁江山”，中国正步入

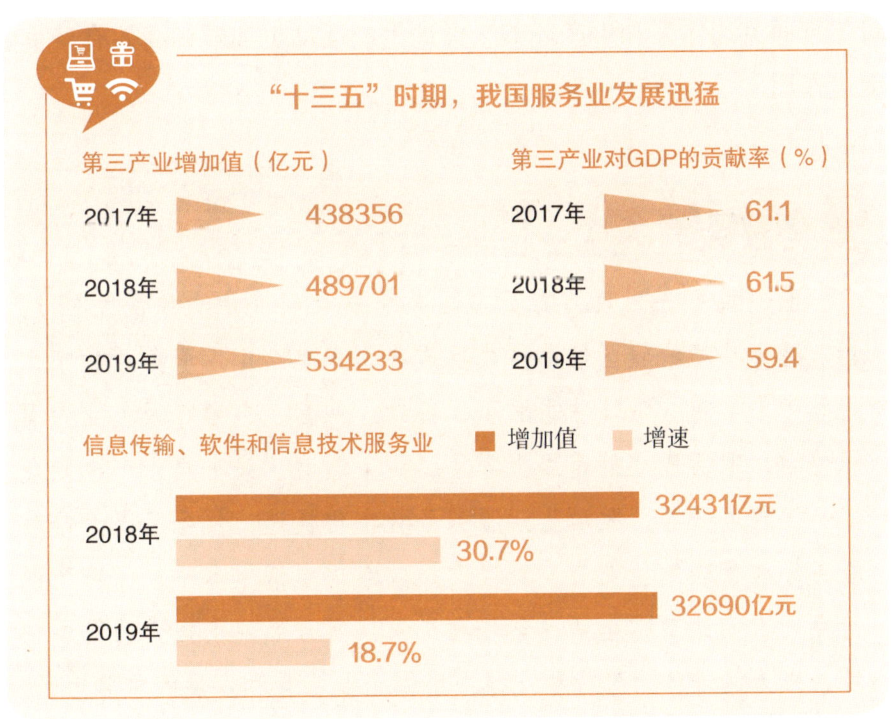

数据来源：国家统计局网站

服务经济时代。2019 年，服务业增加值占国内生产总值的比重已达 53.9%，对经济增长的贡献率达 59.4%。

发展现代服务业是我国产业结构调整优化的需要，也是满足人们消费需求升级的必然要求。据统计，我国居民恩格尔系数于 2017 年首次下降至 30% 以下，2018 年是 28.4%，2019 年是 28.2%。这标志着居民生活已经进入比较富裕的阶段，对服务的需求越来越多，标准也会越来越高。顺应这一趋势，《建议》提出了要加快发展现代服务业，并对推动生产性服务业、生活性服务业发展和推进服务业标准化、品牌化建设作了重要部署。

一是推动生产性服务业发展。《建议》强调，要推动生产性服务业向专业化和价值链高端延伸，推动各类市场主体参与服务供给，加快发展研发设计、现代物流、法律服务等服务业，推动现代服务业同先进制造业、现代农业深度融合，加快推进服务业数字化。这些举措对于打通流通体系和生产环节、推动生产活动更加顺畅高效有着重要促进作用。

权威评论

王一鸣（全国政协委员、国务院发展研究中心原副主任）：新冠肺炎疫情给我国经济造成巨大冲击，也给生活服务业数字化转型带来契机。疫情冲击之下，餐饮、住宿、旅游等服务业大面积停运，取而代之的是线上零售、线上教育、线上娱乐、视频会议、远程办公等，驱动生活服务业数字化提速，催生了以无接触服务等为代表的新业态、新模式。数字化生活服务不仅保障了疫情期间人们的日常生活、学习和工作，而且展现出强大的发展韧性，成为促进“六稳”和支撑中小微企业生存和发展的重要力量。

二是推动生活性服务业升级。《建议》强调，要推动生活性服务业向高品质和多样化升级，加快发展健康、养老、育幼、文化、旅游、体育、家政、物业等服务业，加强公益性、基础性服务业供给。这是适应更好满足人民对美好生活新期待的必然要求，对于提高人民生活质量意义重大。

三是推进服务业标准化、品牌化建设。标准化、品牌化是服务业升级发展的两个层级。服务产品是无形的，最难以标准化，推进服务业的标准化建设，实际上就是增强服务业的质量意识。标准化、品牌化是一个产业走向成熟、迈向高端的重要标志，是我国服务业实现现代化的必经之路。

四、统筹推进基础设施建设

基础设施是经济社会发展的基石，具有先导性、基础性、战略性作用。近年来，我国基础设施网络布局不断完善，整体质量明显改善，服务能力明显增强，一个超大规模的基础设施网络已经形成。2019 年年底，我国高速铁路营业里程，高速公路通车里程，城市轨道交通运营里程，沿海港口万吨级及以上泊位数，铁路、公路、水路的客货运量及周转量等均居世界第一。在较短时间内发展形成超大规模的基础设施网络，充分证明了中国特色社会主义制度集中力量办大事的显著优势，有力支撑了经济社会发展和人民生活水平提高。但是，同高质量发展要求、建设社会主义现代化强国的要求相比，我国基础设施仍然存在一些突出短板。比如，基础设施在全国区域间、城乡间发展尚不平衡，城市群、都市圈互联互通水平还不高，水利基础设施建设仍相对滞后，交通综合运输能力也相对薄弱，基础设施绿色安全发展水平有待提高。《建议》着眼加快补齐这些短板，提出统筹推进基础设施建设，构建系统完备、高效实用、智能绿色、安全可靠的现代化基础设施体系。这必然为我国加快现代产业发展、推动产业体系优化升级提供坚实支撑。

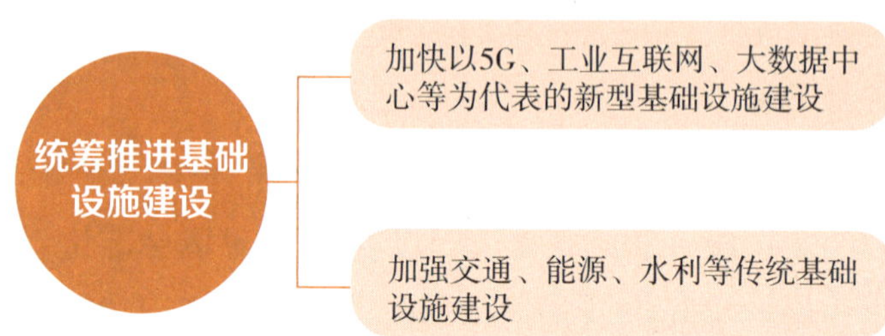

一是加快以 5G、工业互联网、大数据中心等为代表的新型基础设施建设。《建议》提出，构建系统完备、高效实用、智能绿色、安全可靠的现代化基础设施体系；系统布局新型基础设施，加快第五代移动通信、工业互联网、大数据中心等建设。新型基础设施，是以信息网络为核心基础，综合集成物联网、云计算、大数据、人工智能、区块链等新一代信息技术，面向社会生产生活的广泛需要而提供感知、传输、存储、计算、处理等数字能力的新一代信息通信基础设施。近年来，我国新基建发展十分迅猛，截至 2019 年年底，全国 4G 通信基站达到 544 万个，已有超过 300 个城市具备千兆宽带接

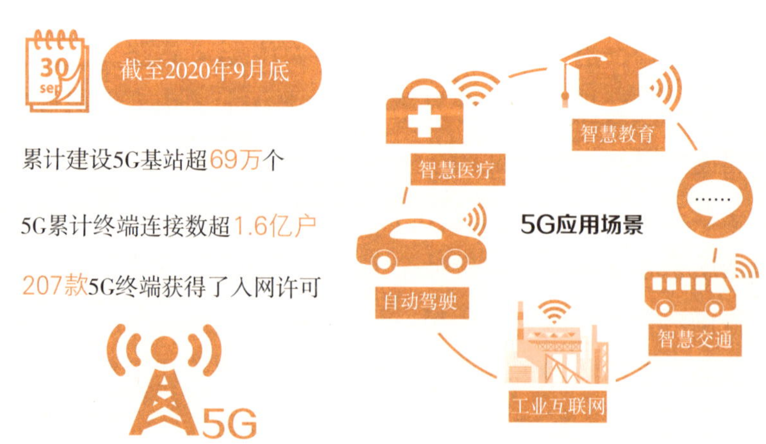

数据来源：工业和信息化部网站

入能力，百兆以上宽带用户占比超过 80%。截至 2020 年 9 月，已开通 5G 通信基站 69 万个，连接用户数超过 1.6 亿，已经进入商用。“十四五”时期，我国将积极推进新基建，这必将大大加快我国经济社会各领域数字化发展。

二是加强交通、能源、水利等传统基础设施建设。《建议》强调，要加快建设交通强国，完善综合运输大通道、综合交通枢纽和物流网络，加快城市群和都市圈轨道交通网络化，提高农村和边境地区交通通达深度；推进能源革命，完善能源产供储销体系，加强国内油气勘探开发，加快油气储备设施建设，加快全国干线油气管道建设，建设智慧能源系统，优化电力生产和输送通道布局，提升新能源消纳和存储能力，提升向边远地区输配电能力；加强水利基础设施建设，提升水资源优化配置和水旱灾害防御能力。

权威评论

李小鹏（交通运输部部长、党组副书记）：加快建设交通强国，是顺应高质量发展、抢抓新机遇、应对新挑战的客观需要。当前，我国交通运输发展的内部条件和外部环境正发生深刻复杂变化。向外看，新一轮科技革命和产业变革加速演变，智慧交通、绿色交通、共享交通成为各国培育交通发展新优势的重要发力点。向内看，我国已进入高质量发展阶段，交通的“先行官”作用日益凸显，但发展不平衡不充分的问题仍然突出，主要表现为基础设施网络化水平不高、关键技术装备创新能力不足、综合运输效率不高等。加快建设交通强国，就是要对标世界先进水平，努力破解发展难题，持续深化交通运输供给侧结构性改革，努力实现更高质量、更有效率、更加公平、更可持续、更为安全的发展。

五、加快数字化发展

当前，人类社会正进入以数字化生产力为主要标志的全新阶段，世界多数国家都把数字化作为经济发展和技术创新的重点。能否抓住新一轮科技革命和产业变革优势，关系到我国能否赢得未来发展和国际竞争的主动权。因此，我国必须加快数字化发展，紧紧抓住数字技术变革机遇，抢占新一轮发展制高点。

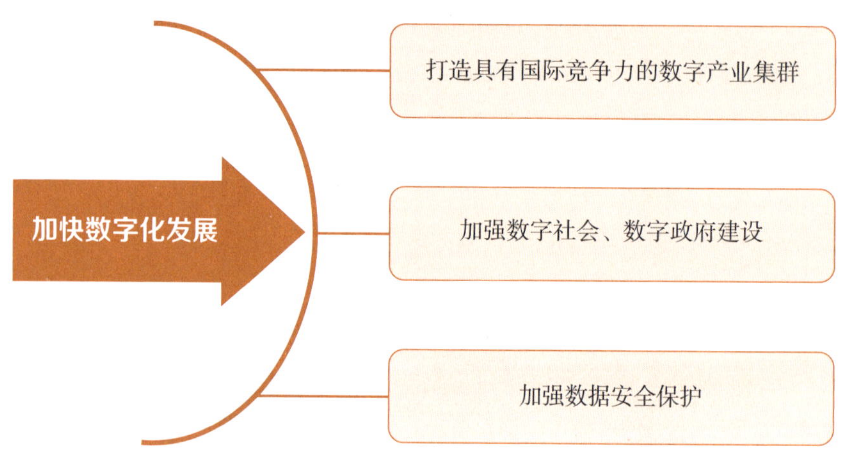

一是打造具有国际竞争力的数字产业集群。《建议》提出，要发展数字经济，推进数字产业化和产业数字化，推动数字经济和实体经济深度融合，打造具有国际竞争力的数字产业集群。数字经济是指以使用数字化的知识和信息作为关键生产要素、以现代信息网络作为重要载体、以信息通信技术的有效使用作为效率提升和经济结构优化的重要推动力的一系列经济活动。作为一种新的经济形态，数字经济已成为经济增长的主要动力源泉，成为经济转型升级的重要驱动力，也是全球新一轮产业竞争的制高点。

数字经济实现跨越式发展

（增加值口径，当年价）

2019年数字经济 35.8万亿元

数字经济占GDP比重

36.2%

截至2020年6月，我国网民规模达9.4亿，互联网普及率达67%

2020年上半年我国规模以上互联网和相关服务企业完成业务收入5907亿元，同比增长14.4%

截至2020年6月

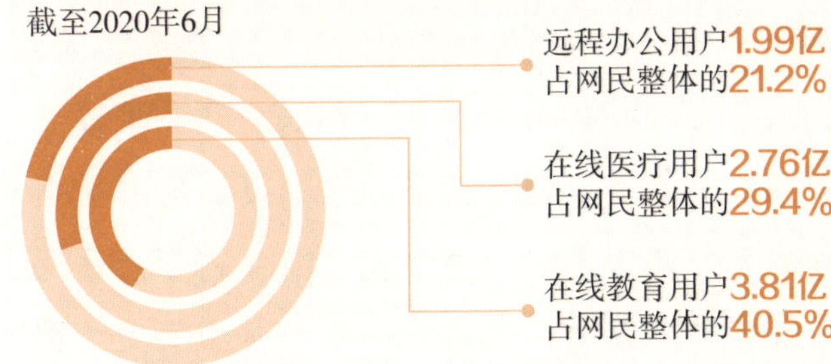

远程办公用户1.99亿
占网民整体的21.2%

在线医疗用户2.76亿
占网民整体的29.4%

在线教育用户3.81亿
占网民整体的40.5%

数据来源：《中国数字经济发展白皮书（2020年）》、《经济日报》

二是加强数字社会、数字政府建设。《建议》提出，要提升公共服务、社会治理等数字化智能化水平；提升全民数字技能，实现信息服务全覆盖。数字技术能够不断扩展社会服务的覆盖范围和用户群体，扩大优质低成本的服务供给，不断提升人民群众的获得感、幸福感、安全感。例如，在抗击新冠肺炎疫情的过程中，全国各地许多志愿者通过线上线下的多种形式自发组织起来，同社区工作人员一道，在疫情监控、生活保障等方面发挥了重要作用。可以说，推进数字社会、数字政府建设，对优化社会服务、推进国家治理体系和治理能力现代化都具有重要意义。

三是加强数据安全保护。安全是数字社会的基础，所以《建议》提出，要建立数据资源产权、交易流通、跨境传输和安全保护等基础制度和标准规范，推动数据资源开发利用；扩大基础公共信息数据有序开放，建设国家数据统一共享开放平台；保障国家数据安全，加强个人信息保护；积极参与数字领域国际规则和标准制定。这些都是加强数据安全保护的重要举措，必将助推数字化建设行稳致远。

权威声音

习近平（中共中央总书记、国家主席、中央军委主席）：要切实保障国家数据安全。要加强关键信息基础设施安全保护，强化国家关键数据资源保护能力，增强数据安全预警和溯源能力。要加强政策、监管、法律的统筹协调，加快法规制度建设。要制定数据资源确权、开放、流通、交易相关制度，完善数据产权保护制度。要加大对技术专利、数字版权、数字内容产品及个人隐私等的保护力度，维护广大人民群众利益、社会稳定、国家安全。要加强国际数据治理政策储备和治理规则研究，提出中国方案。

第五讲

形成强大国内市场，构建新发展格局

一 畅通国内大循环

二 促进国内国际双循环

三 全面促进消费

四 拓展投资空间

构建以国内大循环为主体、国内国际双循环相互促进的新发展格局，是以习近平同志为核心的党中央审时度势作出的重大决策，是事关全局的系统性深层次变革。习近平总书记在关于《建议》的说明中强调:“构建新发展格局，是与时俱进提升我国经济发展水平的战略抉择，也是塑造我国国际合作和竞争新优势的战略抉择。”这两个“战略抉择”，足以体现构建新发展格局对我国经济发展的极端重要性。《建议》提出要形成强大国内市场，构建新发展格局；强调坚持扩大内需这个战略基点，加快培育完整内需体系，把实施扩大内需战略同深化供给侧结构性改革有机结合起来，以创新驱动、高质量供给引领和创造新需求。我们必须深入理解这一战略部署的重大意义、科学内涵和实践要求，并以此引领我国经济高质量健康发展。

一、畅通国内大循环

改革开放以前，我国经济以国内循环为主，进出口占国民经济的比重很小。改革开放后，我们打开国门，扩大对外贸易和吸引外资。特别是2001年加入世界贸易组织后，我国加入国际大循环，市场和资源“两头在外”，形成“世界工厂”的发展模式，对我们抓住经济全球化机遇快速提升经济实力、改善人民生活发挥了重要作用。

2008年国际金融危机是我国发展格局演变的一个重要分水岭。面对严重的外部冲击，我们把扩大内需作为保持经济平稳较快发展的基本立足点，推动经济发展向内需主导转变，国内循环在我国经济中的作用开始显著上升。随着外部环境和我国要素禀赋的变化，市场和资源“两头在外”的国际大循环动能明显减弱，发展空间受限，必须更加依靠国内循环。我国对外贸易依存度由2006年的67%下降到2019年的近32%，就是这一演变趋势的体现。

同时，我国拥有全球最完整、规模最大的工业体系和完善的配套能力，拥有1.3亿户市场主体和1.7亿多受过高等教育或拥有各类专业技能的人才，能够满足国内大循环所需要的生产条件。因此，提出以国内大循环为主体，不是突发奇想，更不是心血来潮，而是根据我国发展阶段、环境、条件变化提出来的，具有坚实的实践基础、科学的理论依据。这是我国经济长期发展的必然结果，是我们把握发展主动权的先手棋，不是被迫之举和权宜之计。

破除误区，正确理解国内大循环

误区	正解
构建国内大循环是临时起意、无奈之举	构建国内大循环是主动作为、长期谋划的选择
国内大循环意味着孤立和封闭	以国内大循环为主体，绝不是关起门来封闭运行，而是更加开放
国内、国际这两个循环是对立的	国内、国际这两个循环是相互补充、相互叠加、优势互补的
国内大循环只限于经济领域	国内大循环应该扩大到各个领域

近年来，随着全球政治经济环境变化，逆全球化趋势加剧，有的国家大搞单边主义、保护主义，经济全球化遭遇逆流，传统国际循环明显弱化。加上罕见的新冠肺炎疫情冲击，全球化分工带来的产业链、供应链和价值链布局面临严峻挑战，风险可能进一步加大。在这种情况下，必须顺势而为调整经济发展路径，在努力打通国际循环的同时，把发展立足点放在国内，进一步畅通国内大循环，更多依靠国内市场实现经济发展，提升经济发展的自主性、可持续性和韧性。

国民经济运行好比人体的血液循环，如果哪个地方堵住了，就会气血淤积、运行不畅，进而影响整个身体系统的正常运转。目前，我国经济运行还存在一些“堵点”，导致国民经济运行不够顺畅。因此，《建议》提出，要畅通国内大循环。

一是打破行业垄断和地方保护，形成国民经济良性循环。《建议》提出，要依托强大国内市场，贯通生产、分配、流通、消费各环节，打破行业垄断和地方保护，形成国民经济良性循环。《建议》还提出，要优化供给结构，改善供给质量，提升供给体系对国内需求的适配性。这就明确了供给侧结构性改革的战略方向，将引导原来较多面向出口和国际大循环的供给体系调整为更多面向内需的供给体系，以更好的供给质量和效率满足不断升级的国内需求。

二是保持主要产业门类间合理的比例关系，不能“头大身子小”，相互之间不匹配。《建议》提出，要推动金融、房地产同实体经济均衡发展，实现上下游、产供销有效衔接，促进农业、制造业、服务业、能源资源等产业门类关系协调。落实《建议》要求，在金融领域，要持续深化供给侧结构性改革，大力提升我国金融服务实体经济

权威评论

刘鹤（中共中央政治局委员、国务院副总理、中央财经委员会办公室主任）：要加快构建以国内大循环为主体、国内国际双循环相互促进的新发展格局。这是对“十四五”和未来更长时期我国经济发展战略、路径作出的重大调整完善，是着眼于我国长远发展和长治久安作出的重大战略部署，对于我国实现更高质量、更有效率、更加公平、更可持续、更为安全的发展，对于促进世界经济繁荣，都会产生重要而深远的影响。构建新发展格局的思想在《建议》中具有重要地位，起到纲举目张的作用，要深入理解、准确把握、全面贯彻。

的实力。在房地产领域，要坚持“房子是用来住的、不是用来炒的”定位，改善供求关系，打击投机炒作，保障房地产市场健康发展。还要重视主要产业门类的比例关系协调，使它们实现上下游、产供销有效衔接。《建议》提出，破除妨碍生产要素市场化配置和商品服务流通的体制机制障碍，降低全社会交易成本；完善扩大内需的政策支撑体系，形成需求牵引供给、供给创造需求的更高水平动态平衡。落实《建议》要求，必须深化要素市场改革和流通体制改革，完善征信、支付、结算等交易支撑体系，使全社会交易成本有效降低。同时，要利用好宏观经济政策的调控功能，让国内市场成为需求增长的主要来源。

二、促进国内国际双循环

从国内大循环与国内国际双循环的关系看，两者是统一体。国际市场是国内市场的延伸，国内大循环为国内国际双循环提供坚实基础。新发展格局决不是自我封闭、自给自足，也不是各地区的小循环，更不可能什么都自己做、放弃国际分工与合作，而是开放的国内国际双循环。我国经济已经深度融入世界经济，同全球很多国家的产

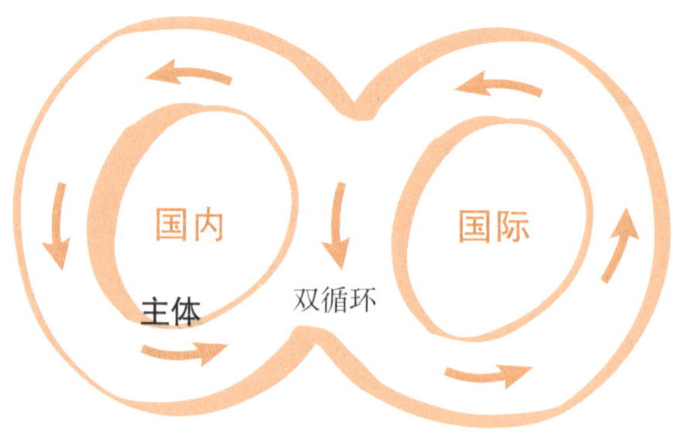

促进国内国际双循环

业关联和相互依赖程度都比较高。可以说，关起门来搞“内循环”，只会导致“死循环”。

我国在世界经济中的地位将持续上升，同世界经济的联系会更加紧密，为其他国家提供的市场机会将更加广阔，成为吸引国际商品和要素资源的巨大引力场，既为中国经济发展开辟空间，又为世界经济复苏和增长增添动力。从长远看，经济全球化仍是历史潮流，各国分工合作、互利共赢是长期趋势。我们要坚持不断扩大对外开放，推动建设开放型世界经济。《建议》创造性地提出了促进形成国内国际双循环的新思路和举措。

中国对全球经济复苏起到正向拉动作用

▼同比下降 ▲同比增长

2020年前三季度

中国经济增长由负转正

▲0.7%

一季度GDP ▼6.8%

二季度GDP ▲3.2%

三季度GDP ▲4.9%

2020年10月

国际货币基金组织发布《世界经济展望报告》

4.4%

预计2020年全球经济将萎缩4.4%

1.9%

预计中国2020年经济增长率将达到1.9%

比2020年6月发布的报告上调了0.9个百分点

中国是报告预测的唯一免于衰退的主要经济体

数据来源：国家统计局网站、《世界经济展望报告》

一是利用国内外市场资源，促进进出口等协调发展。《建议》提出，要促进国内国际双循环，就要立足国内大循环，发挥比较优势，协同推进强大国内市场和贸易强国建设，以国内大循环吸引全球资源要素，充分利用国内国际两个市场两种资源，积极促进内需和外需、进口和出口、引进外资和对外投资协调发展，促进国际收支基本平衡。根据《建议》要求，要重点推进贸易高质量发展，积极有效利用外资，打造开放新高地，高质量共建“一带一路”，有力推动贸易投资自由化便利化。

二是发展内外贸易调控体系，完善内外贸易体制机制有效衔接。《建议》提出，要完善内外贸一体化调控体系，促进内外贸法律法规、监管体制、经营资质、质量标准、检验检疫、认证认可等相衔接，推进同线同标同质；优化国内国际市场布局、商品结构、贸易方式，提升出口质量，增加优质产品进口，实施贸易投资融合工程，构建现代物流体系。这一条主要是针对我国内外贸一体化调控体制机制方面存在的不足提出的具体措施，为下一步我国内外贸易管理等工作指明了方向。

权威评论

张占斌［中共中央党校（国家行政学院）马克思主义学院院长］：面对新冠肺炎疫情的严重冲击，我们要把主动权掌握在自己手里，就必须发挥我国作为世界最大市场的潜力和作用，靠自己的强大内需增强我国经济的韧性和弹性。加快形成世界最大的消费市场是个系统工程，需要两条腿走路。国内循环是基础，要体现以我为主，自强自立。继续推动国内产业链提质、供应链升级，上下游协同发展，产供销紧密链接，不断完善国内循环。国际循环是重要辅助，要提升国际循环的控制力和稳定性，争取国际区域循环有新突破。统筹利用国内国外两个市场、两种资源，实现优势互补。坚定实施扩大内需战略，着力打通生产、分配、流通、消费各个环节。

三、全面促进消费

当前，我国已经形成拥有 14 亿多人口、4 亿多中等收入群体的全球最有潜力的大市场，商品零售额即将超过美国位居世界首位，今后还有稳步增长空间。2019 年，我国社会消费品零售总额突破 40 万亿元大关，最终消费支出对经济增长的贡献率保持在 60% 左右，消费已经连续六年成为拉动经济增长的第一引擎。中国消费进入全新时代，品质化、多样化消费渐成主流。随着人们生活水平的不断提高，消费者更加注重消费质量。因此，《建议》提出，要增强消费对经济

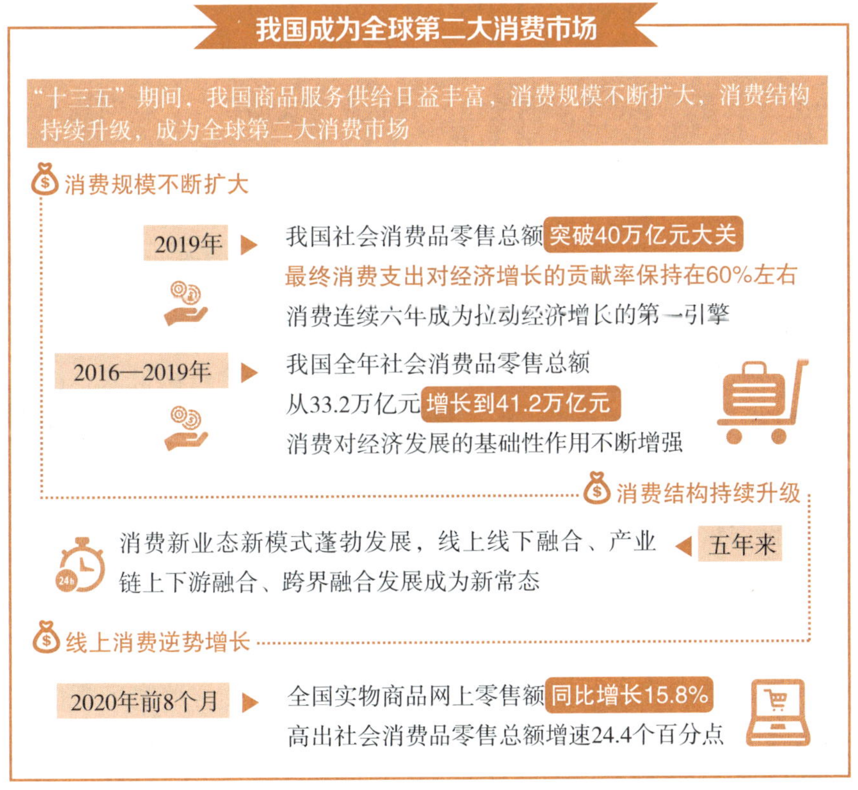

数据来源：国家统计局网站

发展的基础性作用，顺应消费升级趋势，提升传统消费，培育新型消费，适当增加公共消费，并提出了以下几个方面的任务。

一是以质量品牌为重点，促进消费向绿色、健康、安全发展，鼓励消费新模式新业态发展。新型消费增长是生活水平提高和科技进步的必然结果。新冠肺炎疫情暴发以来，“云经济”“云消费”发展较快，表明发展消费新模式新业态、促进服务业线上线下融合、拓展服务内容、扩大服务覆盖面具有广阔发展空间，是提升消费的新增长点。

二是推动汽车等消费品由购买管理向使用管理转变，促进住房消费健康发展。截至 2020 年 6 月，全国机动车保有量达 3.6 亿辆，其中汽车 2.7 亿辆，平均每千人拥有 192 辆汽车。我国已有 69 个城市汽车保有量超过 100 万辆。现行的购买管理其实强调的是车辆的归属权，而使用管理则泛指车辆的使用权，如纯电动汽车正在实行的车电分离（换电模式）就是一定程度上的使用管理。典型的汽车使用管理就是出行服务，即基于车辆使用权的商业模式创新，包括网约车、分时租赁、租赁和订阅式用车等不同类型的出行服务。销售车辆使用权，既可以按里程也可以按时间收费，还可以组合售卖，能满足多元化用车需求。不能将促进住房消费健康发展曲解为房地产调控转向。强调“健康发展”，是“房住不炒”定位的延续，即突出房产的居住属性，弱化房产的投资属性。住房及其带动的消费占比很大，涉及家电、装修、托幼、养老、家政、教育、医疗等消费服务领域。要培育住房不再仅仅是一次性销售，而是一种长期服务的观念，为住户和未来创造长远价值，使住房消费持续大有可为。

三是健全现代流通体系，发展无接触交易服务，降低企业流通成本，促进线上线下消费融合发展，开拓城乡消费市场；发展服务消费，放宽服务消费领域市场准入；完善节假日制度，落实带薪休假制度，扩大节假日消费；培育国际消费中心城市；改善消费环境，强化消费者权益保护。健全现代流通体系，要从完善现代综合运输体系、

深阅读

作为全球最大的消费市场之一，我国市场需求增长较快、持续成长性好、带动能力强的势头并未改变，完整产业链支撑的强大生产能力、蓬勃发展的服务业基础依然稳固。扩大消费的当务之急，是加大复工复产政策落实力度，有序推动各类商场、市场复工复市，促进生活服务业正常经营，把被抑制、被冻结的消费释放出来，把在疫情防控中催生的新型消费、升级消费培育壮大起来，使实物消费和服务消费得到回补，力争把疫情造成的损失降到最低限度。

现代商贸流通体系、社会信用体系、应急物流体系等方面统筹推进硬件和软件建设，为新发展格局提供有力支撑。2019 年，全国城镇和农村居民人均消费支出分别为 28063 元和 13328 元，城乡差距较大。下一步，要在开拓城乡消费市场的基础上，更好发挥中心城市和城市群等优势地区的带动作用，加快构建国内统一市场，健全现代流通体系，提高城乡配送效率，丰富适合农村消费者的商品供给，进一步激发农村市场消费。

四、拓展投资空间

投资需求是完整内需体系的重要组成部分。作为世界上最大的发展中国家，我国在基础设施、民生等领域的投资积累还不够，新冠肺炎疫情也暴露了我国在科技创新体系和防灾减灾体系等方面的投资强度还不高。因此，投资要突出方向性、引领性，主要投向经济社会发展的短板领域、战略性新兴产业、关系国计民生的重大工程等，不搞低水平重复建设，让资金真正发挥作用，防止出现新的产能过剩，防止投资变成投机的“热钱”。《建议》提出，要拓展投资空间，优化投资结构，保持投资合理增长，发挥投资对优化供给结构的关键作用，并提出以下任务。

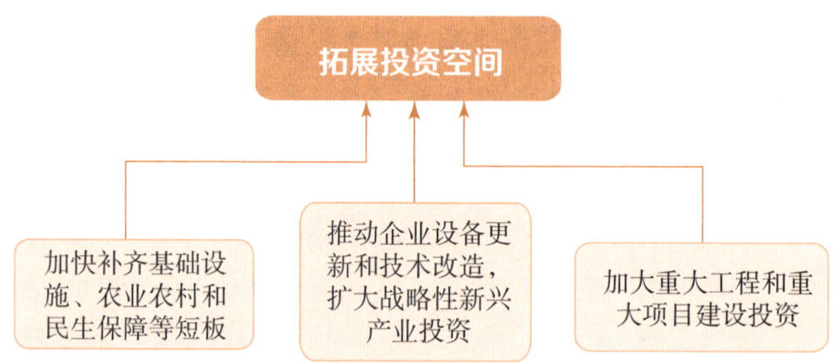

一是加快补齐基础设施、农业农村和民生保障等短板。我国城镇污水处理、垃圾处理、供水供热供气等市政设施服务供给能力短缺，特别是对医疗垃圾的处理能力有待提高。此外，交通、水利、能源、农业农村、生态环保、社会民生等领域基础设施水平偏低。因此，《建议》提出，加快补齐基础设施、市政工程、农业农村、公共安全、生态环保、公共卫生、物资储备、防灾减灾、民生保障等领域短板。要加大力度尽快补齐这些领域短板，进一步发挥有效投资对促

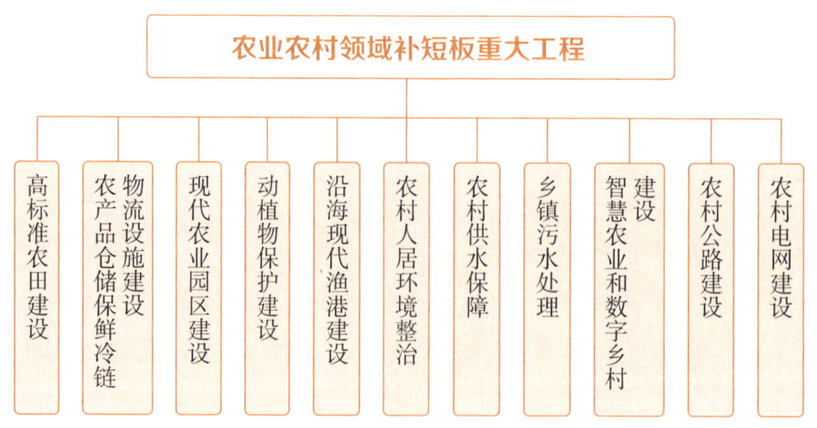

进城乡区域协调发展、改善民生等方面的支撑作用。党的十九届五中全会召开前夕，农业农村部等七部门印发《关于扩大农业农村有效投资，加快补上“三农”领域突出短板的意见》，明确了11个补短板重点领域。2020年1—8月，各地累计支持发行了1084亿元地方政府债券用于支持“三农”领域的建设，重点支持高标准农田、农村人居环境整治、现代农业产业园、农产品仓储保鲜冷链物流设施等。

二是推动企业设备更新和技术改造，扩大战略性新兴产业投资。为此，一方面，要通过推动企业加大对传统制造业升级改造投资，强化数据、信息等先进生产要素应用，培育上下游协同创新、复杂产品设计、质量品牌建设、个性化定制等先进产业能力，注重发展集劳动密集型的产品代工与先进制造能力为一体的生产模式。另一方面，要抓住产业数字化、数字产业化赋予的机遇，加快新一代信息技术产业提质增效。

三是加大重大工程和重大项目建设投资。《建议》提出，推进新型基础设施、新型城镇化、交通水利等重大工程建设，支持有利于城乡区域协调发展的重大项目建设；实施川藏铁路、西部陆海新通道、国家水网、雅鲁藏布江下游水电开发、星际探测、北斗产业化等重大工程，推进重大科研设施、重大生态系统保护修复、公共卫生应急保障、重大引调水、防洪减灾、送电输气、沿边沿江沿海交通等一批强

实施重大工程、推进重大项目建设

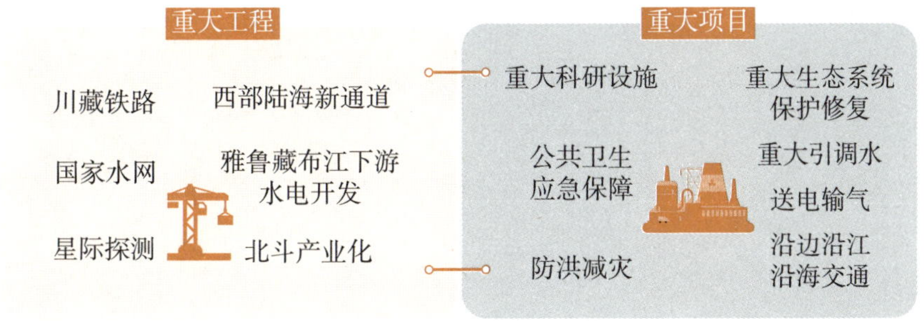

深阅读

2020 年 11 月 8 日，川藏铁路雅安至林芝段开工建设。该段地形地质和气候条件复杂、生态环境脆弱，修建难度之大世所罕见。这是国家投资建设的又一重大工程项目，对维护国家统一、促进民族团结、巩固边疆稳定，对推动西部地区特别是川藏地区经济社会发展，具有十分重要的意义。

基础、增功能、利长远的重大项目建设。这些重大工程和重大项目，都是着眼于增强基础支撑能力，提升跨区域协同水平和保障生态安全等，有利于推进新型基础设施、新型城镇化、交通水利建设，有利于城乡区域协调发展。

四是形成市场主导的投资内生增长机制。《建议》强调，要发挥政府投资“四两拨千斤”的撬动作用，激发民间投资活力，形成市场主导的投资内生增长机制。

第六讲

构建高水平社会主义市场经济体制

社会主义市场经济体制是中国特色社会主义的重大理论和实践创新，是社会主义基本经济制度的重要组成部分。在社会主义基本制度与市场经济结合上，我们党注重发挥两方面的优势，不断在实践中破解市场与政府关系的难题，取得了丰硕的认识成果，推动了我国经济发展取得巨大成就。同时，我国在构建高水平社会主义市场经济体制上还有很长的路要走，还有很多课题要去破解。《建议》提出了“全面深化改革，构建高水平社会主义市场经济体制”的重大任务，强调要坚持和完善社会主义基本经济制度，充分发挥市场在资源配置中的决定性作用，更好发挥政府作用，推动有效市场和有为政府更好结合。“有效市场”和“有为政府”是对我国社会主义市场经济认识的重大发展，具有丰富的理论内涵和实践价值。

一、激发各类市场主体活力

市场主体是我国经济活动的主要参与者、就业机会的主要提供者、技术进步的主要推动者，在国家发展中发挥着十分重要的作用。

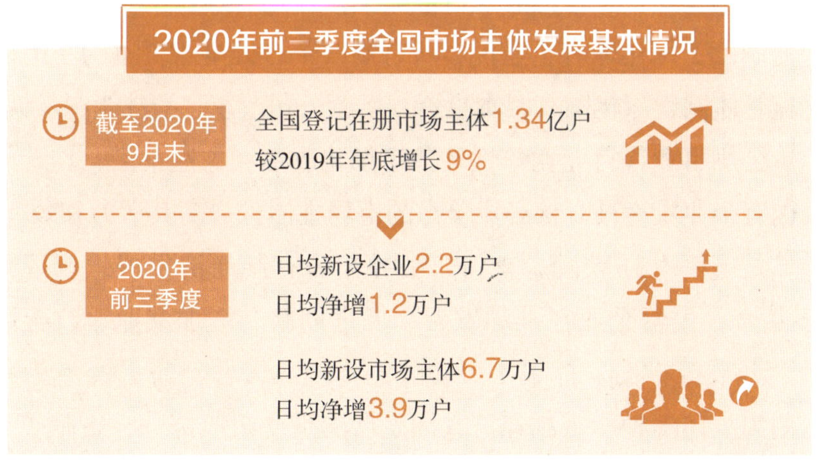

数据来源：国家市场监管总局网站

改革开放以来，我国逐步建立和不断完善社会主义市场经济体制，市场体系不断发展，各类市场主体蓬勃成长。据统计，截至 2020 年 9 月底，全国登记在册市场主体 1.34 亿户，较 2019 年年底增长 9%。

应该看到，新冠肺炎疫情对我国经济和世界经济产生巨大冲击，我国很多市场主体面临前所未有的压力。市场主体是经济的力量载体，保市场主体就是保社会生产力，所以要千方百计把市场主体保护好，激发市场主体活力，弘扬企业家精神，推动企业发挥更大作用、实现更大发展，为经济发展积蓄基本力量。《建议》提出，要激发各类市场主体活力。总体来说，就是要坚持“两个毫不动摇”。

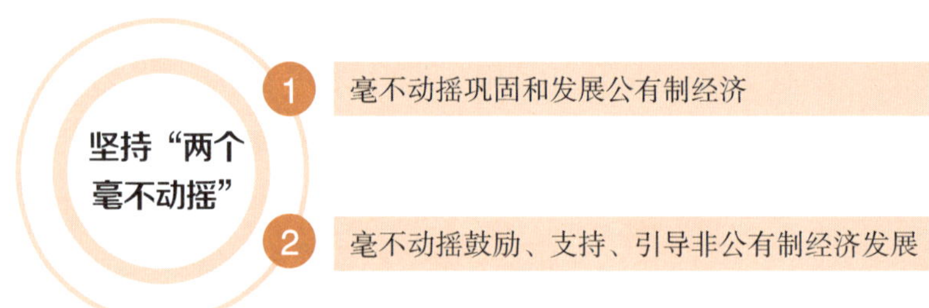

一是毫不动摇巩固和发展公有制经济。《建议》强调，要深化国资国企改革，做强做优做大国有资本和国有企业；加快国有经济布局优化和结构调整，发挥国有经济战略支撑作用；加快完善中国特色现代企业制度，深化国有企业混合所有制改革；健全管资本为主的国有资产监管体制，深化国有资本投资、运营公司改革；推进能源、铁路、电信、公用事业等行业竞争性环节市场化改革。这些举措，均着眼于推动国有企业成为具有核心竞争力的市场主体，提高其活力和效率。

二是毫不动摇鼓励、支持、引导非公有制经济发展。改革开放 40 多年来，民营企业在推动发展、促进创新、增加就业、改善民生和扩大开放等方面发挥了不可替代的作用。民营经济已经成为我国公有制为主体多种所有制经济共同发展的重要组成部分，贡献了 50% 以上的税收、60% 以上的国内生产总值、70% 以上的技术创新、80%

《国企改革三年行动方案（2020—2022年）》聚焦的重点任务

1 完善中国特色现代企业制度，坚持“两个一以贯之”，形成科学有效的公司治理机制

2 推进国有资本布局优化和结构调整，聚焦主责主业，发展实体经济，推动高质量发展，提升国有资本配置效率

3 积极稳妥推进混合所有制改革，促进各类所有制企业取长补短、共同发展

4 激发国有企业的活力，健全市场化经营机制，加大正向激励力度，提高效率

5 形成以管资本为主的国有资产监管体制，着力从监管理念、监管重点、监管方式、监管导向等多方位实现转变

6 推动国有企业公平参与市场竞争，强化国有企业的市场主体地位，营造公开、公平、公正的市场环境

7 推动一系列国企改革专项行动落实落地

8 加强国有企业党的领导、党的建设，推动党建工作与企业的生产经营深度融合

以上的城镇劳动就业、90%以上的新增就业和企业数量。《建议》提出，要优化民营经济发展环境，构建亲清政商关系，促进非公有制经济健康发展和非公有制经济人士健康成长，依法平等保护民营企业产权和企业家权益，破除制约民营企业发展的各种壁垒，完善促进中小微企业和个体工商户发展的法律环境和政策体系。总之，既要通过深化改革、优化治理、改善管理提高民营企业核心竞争力，又要为民营企业的发展创造更好的环境和条件。

此外，《建议》还提出要弘扬企业家精神，加快建设世界一流企业。企业强则国家强，企业兴则国家兴。改革开放以来，一大批有胆识、勇创新的企业家茁壮成长，形成了具有鲜明时代特征、民族特色、世界水准的中国企业家队伍。现在，我们即将踏上全面建设社会主义现代化国家的新征程，必须有一批能够体现国家实力和国际竞争力、引领全球科技和行业产业发展的世界一流企业作支撑。企业家要带领企业战胜困难，走向更辉煌的未来，就要弘扬企业家精神，在爱

权威评论

郝鹏（国务院国资委党委书记、主任）：弘扬企业家精神、发挥企业家作用，一要引导企业家增强爱国情怀，把企业发展同国家繁荣、民族兴盛、人民幸福紧密结合在一起，主动为国担当、为国分忧；二要引导企业家勇于创新，努力把企业打造成为强大的创新主体；三要引导企业家诚信守法，牢固树立法治意识、契约精神、守约观念，自觉做诚信守法的表率；四要引导企业家承担社会责任，稳定就业岗位，关心关爱员工，推动绿色发展，积极参与社会公益、慈善事业；五要引导企业家拓展国际视野，立足中国、放眼世界，带领企业在更高水平的对外开放中实现更好发展。

国、创新、诚信、社会责任和国际视野等方面不断提升自己，努力成为新时代构建新发展格局、建设现代化经济体系、推动高质量发展的生力军。

二、完善宏观经济治理

科学有效的宏观经济治理是实现国家治理体系和治理能力现代化的客观要求，也是高水平社会主义市场经济体制的重要组成部分。当我国经济处于高速增长阶段时，国家对经济管理的主要方式是宏观调控，调控侧重于控制经济增长速度。现在我国经济转向高质量发展阶段，主要任务是提质增效，要把宏观调控提升为宏观经济治理。因此，《建议》提出完善宏观经济治理的重大任务，明确了完善宏观经济治理的战略方向和重点举措。

一是健全宏观经济治理体系。《建议》指出，要健全以国家发展规划为战略导向，以财政政策和货币政策为主要手段，就业、产业、投资、消费、环保、区域等政策紧密配合，目标优化、分工合理、高效协同的宏观经济治理体系。运用中长期规划指导经济社会持续健康发展，确保国家战略目标、战略任务和战略意图的实现，体现了中国特色社会主义制度的独特优势，是我们党治国理政的重要方式。财政政策和货币政策是宏观调控的主要手段，需要根据各自目标合理分工，在此前提下发挥自身优势，形成协同效应。各类政策既不能各自为政、单打独斗，也不能盲目混淆边界，造成责任不清。

二是完善宏观经济政策制定和执行机制。《建议》提出，要重视预期管理，提高调控的科学性；加强国际宏观经济政策协调，搞好跨周期政策设计，提高逆周期调节能力，促进经济总量平衡、结构优化、内外均衡。这就要求加强部门之间、中央和地方之间、政府与市场主体之间的协调，以增强宏观调控的前瞻性。

逆周期调节

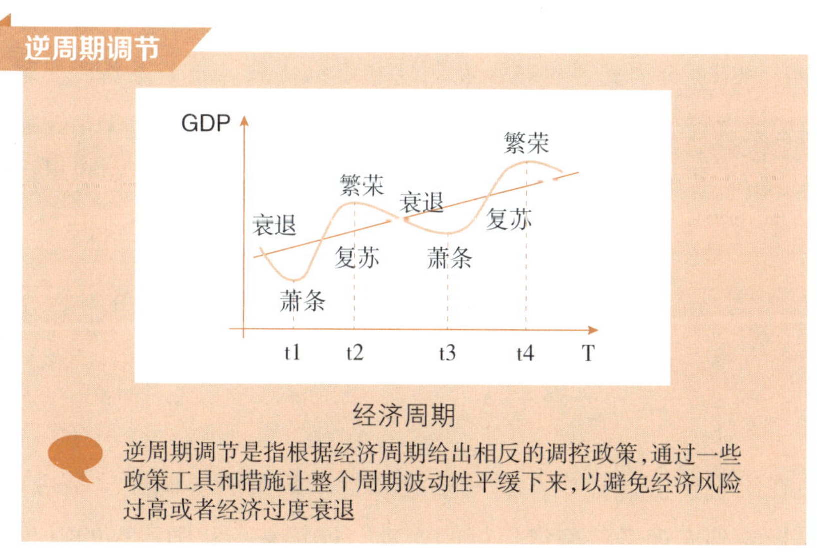

经济周期

逆周期调节是指根据经济周期给出相反的调控政策，通过一些政策工具和措施让整个周期波动性平缓下来，以避免经济风险过高或者经济过度衰退

三是提升宏观经济治理能力。《建议》提出，要加强宏观经济治理数据库等建设，提升大数据等现代技术手段辅助治理能力；推进

统计现代化改革。全面提升宏观经济治理能力，既要正确认识社会主义市场经济体制的本质特征和市场经济的一般规律，认真总结历史经验，合理借鉴国外有益做法，不断完善现有宏观调控工具，又要顺应数字经济、数字社会的发展趋势和构建高标准市场体系的要求，善于运用现代技术手段，充分发挥大数据等新技术的辅助作用，提高宏观经济治理能力和科学化水平。

深阅读

2020年5月11日，中共中央、国务院公布《关于新时代加快完善社会主义市场经济体制的意见》。《意见》指出，完善政府经济调节、市场监管、社会管理、公共服务、生态环境保护等职能，创新和完善宏观调控，进一步提高宏观经济治理能力。对此，《意见》提出了七个举措:（1）构建有效协调的宏观调控新机制。（2）加快建立现代财税制度。（3）强化货币政策、宏观审慎政策和金融监管协调。（4）全面完善科技创新制度和组织体系。（5）完善产业政策和区域政策体系。（6）以一流营商环境建设为牵引持续优化政府服务。（7）构建适应高质量发展要求的社会信用体系和新型监管机制。

三、建立现代财税金融体制

在宏观经济调控中，财政政策和货币政策的协调配合是否得当，直接影响到宏观经济稳定目标的实现。近年来，我国积极的财政政策与稳健的货币政策紧密配合，促进了宏观经济政策目标的实现。总体上看，积极的财政政策要更加积极有为，稳健的货币政策要更加灵活

实行积极的财政政策和稳健的货币政策

积极的财政政策
要更加积极有为

2020年赤字率拟按3.6%以上安排，财政赤字规模比2019年增加1万亿元，同时发行1万亿元抗疫特别国债

大力优化财政支出结构，基本民生支出只增不减，重点领域支出要切实保障，一般性支出要坚决压减，严禁新建楼堂馆所，严禁铺张浪费

各级政府必须真正过紧日子，中央政府要带头，中央本级支出安排负增长，其中非急需非刚性支出压减50%以上

各类结余、沉淀资金要应收尽收、重新安排

要大力提质增效，各项支出务必精打细算，一定要把每一笔钱都用在刀刃上、紧要处

稳健的货币政策
要更加灵活适度

综合运用降准降息、再贷款等手段，引导广义货币供应量和社会融资规模增速明显高于2019年

保持人民币汇率在合理均衡水平上基本稳定

创新直达实体经济的货币政策工具，务必推动企业便利获得贷款，推动利率持续下行

数据来源：2020年《政府工作报告》

适度，以释放出合理的流动性，让宏观经济政策得以顺利运行。

《建议》提出，要建立现代财税金融体制。这是一个新提法，与之前所说的“建立现代财政制度”“建立现代财税制度”“建立现代金融制度”不同。将财税和金融体制有机融合在一起，是把整个宏观经济治理的重要组成部分都放到一起，更有系统性，也更能凸显集成创新。因此，这不只是简单的文字调整，而是有着非同寻常的意义。

关于建立现代财税金融体制，《建议》提出了以下任务：

一是在建立现代财税体制方面，要加强财政资源统筹，加强中期财政规划管理，增强国家重大战略任务财力保障；深化预算管理制度改革；强化对预算编制的宏观指导；推进财政支出标准化，强化预算约束和绩效管理；明确中央和地方政府事权与支出责任，健全省以下财政体制，增强基层公共服务保障能力；完善现代税收制度，健全地方税、直接税体系，优化税制结构，适当提高直接税比重，深化税收征管制度改革。党的十八届三中全会以来，通过大力改革，我国现代财政制度框架已基本确立。根据《建议》要求，我们要在这个基础上进一步深化和扩展，建立现代财税体制，提升预算配置财政资源的科学性、规范性和有效性，更好推进中央与地方各级政府分工协作、有序运转，增强税制促进高质量发展、社会公平和市场统一的作用。

二是在建立现代金融体制方面，要健全政府债务管理制度；建设现代中央银行制度，完善货币供应调控机制，稳妥推进数字货币研发，健全市场化利率形成和传导机制；构建金融有效支持实体经济的体制机制，提升金融科技水平，增强金融普惠性；深化国有商业银行改革，支持中小银行和农村信用社持续健康发展，改革优化政策性金融；全面实行股票发行注册制，建立常态化退市机制，提高直接融资比重；推进金融双向开放；完善现代金融监管体系，提高金融监管透明度和法治化水平，完善存款保险制度，健全金融风险预防、预警、处置、问责制度体系，对违法违规行为零容忍。

其中，关于“建设现代中央银行制度”有五个方面的举措：完善货币供应调控机制；构建金融有效支持实体经济的体制机制；建立现

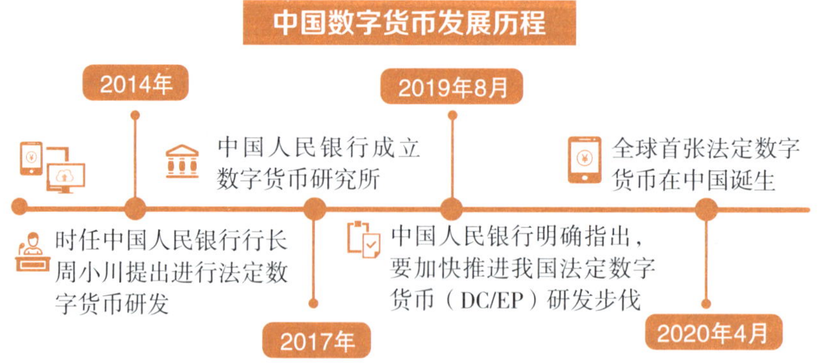

代金融机构体系；推进金融双向开放；健全金融风险预防、预警、处置、问责制度体系。

权威声音

习近平（中共中央总书记、国家主席、中央军委主席）：金融活，经济活；金融稳，经济稳。经济兴，金融兴；经济强，金融强。经济是肌体，金融是血脉，两者共生共荣。我们要深化对金融本质和规律的认识，立足中国实际，走出中国特色金融发展之路。

四、建设高标准市场体系

从 2018 年开始，我国全面实施市场准入负面清单制度，政府明确列出在中华人民共和国境内禁止和限制投资经营的行业、领域、业务等。对于清单之外的行业、领域、业务，各类市场主体皆可依法平等进入。2018 年 12 月发布的《市场准入负面清单（2018 年版）》，共列出禁止和许可类事项 151 项，与此前的试点版相比减少了 177 项。2019 年版的清单共列入事项 131 项，比 2018 年版减少了 20 项。负面清单长度的不断缩短，推动了市场准入门槛的不断降低，有效激发了各类市场主体的创新创业活力，是我国探索建设高标准市场体系的有力见证。

市场体系是社会主义市场经济体制的重要组成部分和有效运转基础。改革开放之初，我国只有单一的消费品市场、单一的所有制形式，市场体系结构十分简单。后来，我们认识到社会主义初级阶段需要大

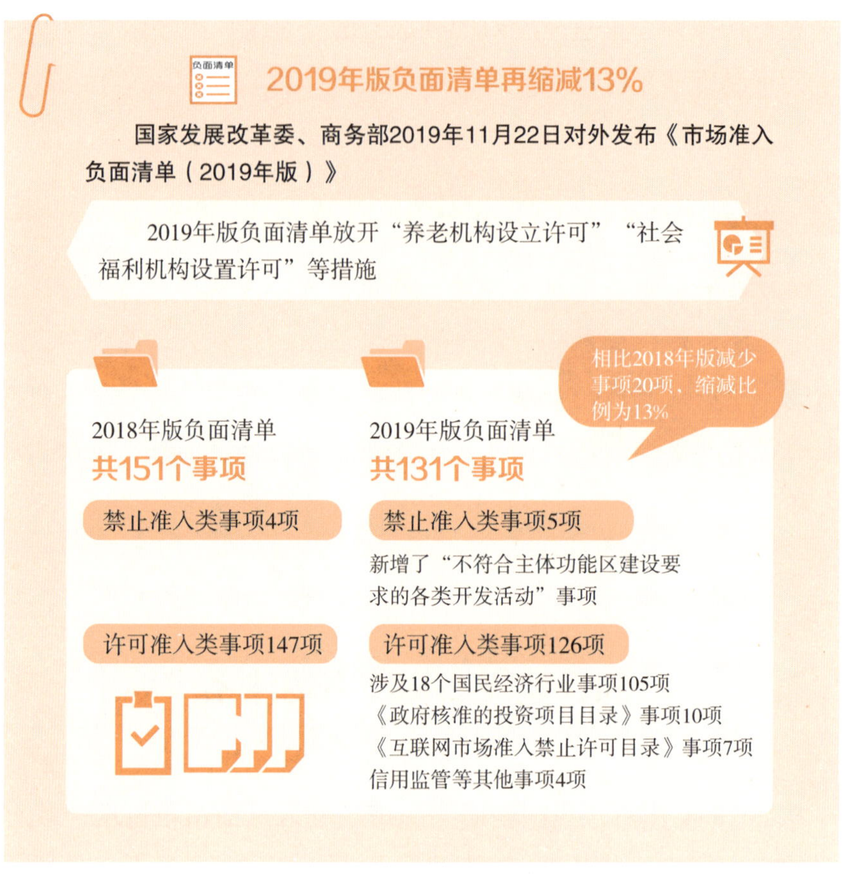

力发展商品经济，以更好满足提高人民生活水平的需要，开始建立商品市场。党的十四大确立经济体制改革的目标之后，我国社会主义市场经济体制得到快速发展和不断健全。如今，我们不仅建立了极为丰富的消费品市场和生产资料市场，金融、劳动力、技术、信息、产权、土地等生产要素市场也得以发育并茁壮成长。当前，我国经济已由高速增长阶段转向高质量发展阶段，这就需要着力建设高标准市场体系。

《建议》提出了建设高标准市场体系的任务，强调健全市场体系基础制度、健全产权执法司法保护制度、实施统一的市场准入负面清单制度、继续放宽准入限制等，就是为了进一步营造公平竞争的市场环境，努力让所有市场主体处在同一起跑线上。

一是健全市场体系基础制度。《建议》指出，坚持平等准入、公正监管、开放有序、诚信守法，形成高效规范、公平竞争的国内统一市场；实施高标准市场体系建设行动；健全产权执法司法保护制度；实施统一的市场准入负面清单制度；继续放宽准入限制；健全公平竞争审查机制，加强反垄断和反不正当竞争执法司法，提升市场综合监管能力。构建科学完备的制度体系，是保障市场体系有效运行的根本。根据《建议》要求，“十四五”时期，我们要全面完善产权保护、市场准入、公平竞争等制度。

二是构建更加完善的要素市场化配置体制机制。这是建设高标准市场体系的重点和难点。《建议》提出，要深化土地管理制度改革；推进土地、劳动力、资本、技术、数据等要素市场化改革；健全要素市场运行机制，完善要素交易规则和服务体系。“十四五”时期，要坚持深化市场化改革，破除阻碍要素自由流动的体制机制障碍，扩大要素市场化配置范围，健全要素市场体系，推进要素市场制度建设，实现要素价格市场决定、流动自主有序、配置高效公平。

五、加快转变政府职能

更好发挥政府作用，是构建高水平社会主义市场经济体制的重要环节。《建议》提出要加快转变政府职能，强调建设职责明确、依法行政的政府治理体系，深化简政放权、放管结合、优化服务改革，全面实行政府权责清单制度等。归其要旨，就是政府既不能管得过多，又不能当“甩手掌柜”，要把该营造的环境营造好，推动构建高水平社会主义市场经济体制。

一是建设职责明确、依法行政的政府治理体系。《建议》提出，要持续优化市场化法治化国际化营商环境；实施涉企经营许可事项清

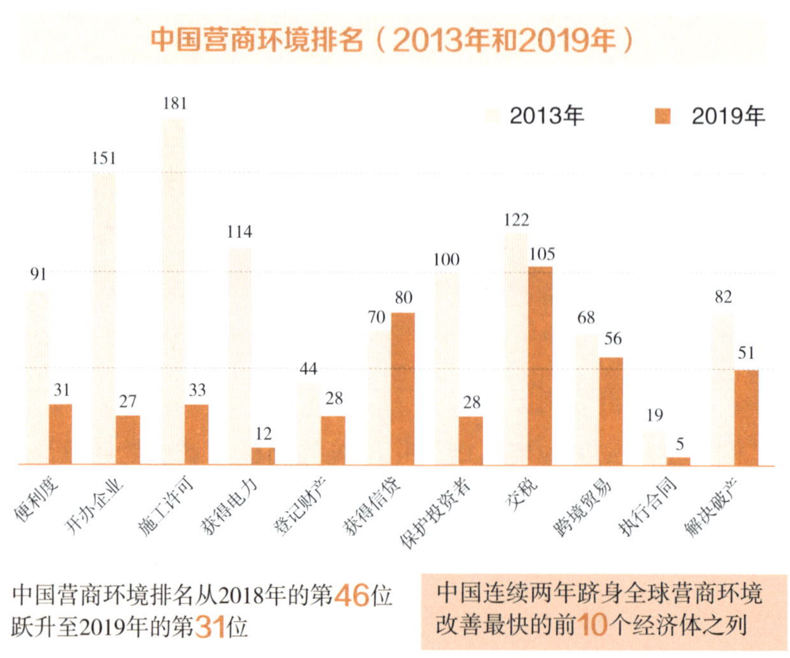

数据来源：世界银行《全球营商环境报告2020》

单管理，加强事中事后监管，对新产业新业态实行包容审慎监管。这就要求政府更加尊重市场经济的一般规律，最大限度减少政府对市场资源的直接配置和对微观经济活动的直接干预，简政放权，以更好地激发市场活力。

二是健全重大政策事前评估和事后评价制度。《建议》提出，要畅通参与政策制定的渠道，提高决策科学化、民主化、法治化水平；推进政务服务标准化、规范化、便利化，深化政务公开；深化行业协会、商会和中介机构改革。提出这些举措，意在努力为市场主体和群众营造良好的创业办事环境。这对政府全面正确履职、不断提高决策水平提出了更高要求。

第七讲

全面推进乡村振兴

“三农”问题是关系国计民生的根本性问题。没有农业农村现代化，就没有整个国家现代化。同快速推进的工业化、城镇化相比，我国农业农村发展步伐还跟不上，“一条腿长、一条腿短”问题比较突出。我国发展最大的不平衡是城乡发展不平衡，最大的不充分是农村发展不充分。《建议》提出要优先发展农业农村，全面推进乡村振兴；强调坚持把解决好“三农”问题作为全党工作重中之重，走中国特色社会主义乡村振兴道路，全面实施乡村振兴战略，强化以工补农、以城带乡，推动形成工农互促、城乡互补、协调发展、共同繁荣的新型工农城乡关系，加快农业农村现代化。这是新发展阶段我国解决“三农”问题的指导原则，为“十四五”时期我国加快农业农村现代化指明了方向。

一、提高农业质量效益和竞争力

农业既是安天下、稳民心的基础产业，又是关乎百姓饭碗和亿万农民生计的民生产业。早在新中国成立之初，我们党就提出并开始推进农业现代化。经过几代人接续奋斗，特别是改革开放40多年持续快速发展，我国农业现代化水平不断迈上新台阶，农业生产实现了从主要依靠人力畜力向主要依靠机械动力的转变。截至2020年10月，我国用全球9%的耕地养活了占全球近20%的人口，为维护世界粮食安全作出了积极贡献。同时也要看到，我国农业生产基础设施依然薄弱，物质技术条件依然较差，中低等耕地占比超过七成，农业科技贡献率显著低于农业发达国家；农业规模小，组织化程度较低，产品竞争力不强；农业资源环境压力较大，耕地退化和污染问题突出；等等。

站在新的历史起点上，《建议》提出要提高农业质量效益和竞争力，进一步巩固农业发展良好形势，为经济社会发展大局提供有力支撑。

提高农业质量效益和竞争力

- 健全农业支持保护制度
- 推动农业供给侧结构性改革
- 推动农村一二三产业融合发展

一是健全农业支持保护制度。农业与第二、第三产业最大的不同之处就在于，它经常会遭受自然风险与市场风险双重冲击，受到国情农情的客观制约，完全靠市场调节是不够的，还需要政府的支持和保护。《建议》提出，适应确保国计民生要求，以保障国家粮食安全为

权威评论

韩长赋（中央农村工作领导小组副组长、办公室主任，农业农村部党组书记、部长）：要按照《建议》要求，坚持把解决好“三农”问题作为全党工作重中之重，适应确保国计民生要求，把农业现代化作为国家现代化的优先任务，将提高农业质量效益和竞争力摆上更加突出位置，贯彻落实新发展理念，深化农业供给侧结构性改革，加快构建现代农业产业体系、生产体系、经营体系，持续推进质量兴农、绿色兴农、品牌强农，全面提升农业规模化、科技化、市场化、国际化、信息化、标准化水平，增加优质绿色农产品供给，提高全产业链收益，走出一条产出高效、产品安全、资源节约、环境友好的中国特色农业现代化道路，促进农业现代化与工业化、信息化、城镇化同步发展，为全面建设社会主义现代化国家提供基础支撑。

底线，健全农业支持保护制度。习近平总书记强调："中国人的饭碗任何时候都要牢牢端在自己手上。我们的饭碗应该主要装中国粮，一个国家只有立足粮食基本自给，才能掌握粮食安全主动权，进而才能掌控经济社会发展这个大局。"手中有粮，心中不慌。我国有14亿人口，如果粮食出了问题，谁也救不了我们。因此，《建议》提出，要坚持最严格的耕地保护制度，深入实施藏粮于地、藏粮于技战略，加大农业水利设施建设力度，实施高标准农田建设工程，强化农业科技和装备支撑，提高农业良种化水平，健全动物防疫和农作物病虫害防治体系，建设智慧农业；强化绿色导向、标准引领和质量安全监管，建设农业现代化示范区。

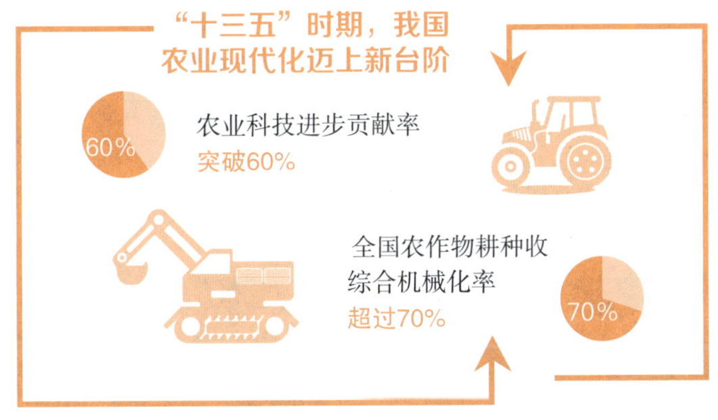

数据来源：农业农村部网站

二是推动农业供给侧结构性改革。当前，中国农业现代化取得明显进展，城乡居民的消费需求正从吃饱向吃好、吃得安全、吃得营养健康转变，农业供给结构性矛盾、农业质量效益和竞争力不高的问题更加凸显。《建议》提出，要推动农业供给侧结构性改革，优化农业生产结构和区域布局，加强粮食生产功能区、重要农产品生产保护区和特色农产品优势区建设，推进优质粮食工程；完善粮食主产区利益补偿机制；保障粮、棉、油、糖、肉等重要农产品供给安全，提升收储调控能力；开展粮食节约行动。根据《建议》要求，要加大去库存、降成本、补短板力度，提高农业综合效益和农产品竞争力，增加市场紧缺农产品的生产。要着力加强农业供给侧结构性改革，提高农业供给体系质量和效率，使农产品供给数量充足、品种和质量契合消费者需要，真正形成结构合理、保障有力的农产品有效供给，推动农产品供给在确保“有”的基础上向“好”的方向转变。

优质粮食工程取得重大成果（2017—2020年）

各地谋划布局粮食产后服务体系、粮食质量安全检验监测体系、“中国好粮油”行动计划3个子项共8900多个项目

中央财政连续四年累计安排补助资金近215亿元，带动地方各级财政和社会投资600多亿元，总投入超过815亿元

截至2020年8月底

已完成5828个项目

新建和改造提升1500多个粮食质检机构

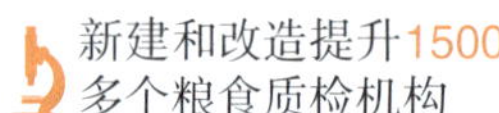

建成4000多个粮食产后服务中心

各省份支持建设389个“中国好粮油”示范县

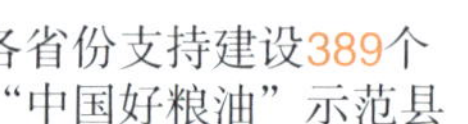

4000 多个

389 个

到2020年年底，4000多个粮食产后服务中心全部建成后，将实现全国产粮大县全覆盖，所覆盖区域内的粮食损耗浪费和霉变损失将平均降低4个百分点

数据来源：国家粮食和物资储备局网站

三是推动农村一二三产业融合发展。《建议》提出，要发展县域经济，推动农村一二三产业融合发展，丰富乡村经济业态，拓展农民增收空间。产业发展是激发乡村活力的基础所在。农村一二三产业融合发展，是推动农业增效、农村繁荣、农民增收的重要途径。习近平总书记强调，要推动乡村产业振兴，紧紧围绕发展现代农业，围绕农村一二三产业融合发展，构建乡村产业体系。这就要求我们针对当前发展中存在的突出问题，注重补短板、强弱项、增活力，通过发展农产品加工、乡村旅游、农村电商等，以工补农、以商补农、以游补

农，加快推动农村一二三产业融合发展不断取得新成效，带动更多农民参与受益。

深阅读

“十三五”期间，我国关于加快农村一二三产业融合发展的举措和成效主要有以下几个方面：第一，大力发展农产品加工业。2019 年，全国建成农产品加工园 1600 个，发展规模以上农产品加工企业 8.1 万家，农产品加工业营业收入超过 22 万亿元，吸纳 3000 多万人就业。第二，大力推进乡村特色产业发展。建设了一批产值超过 10 亿元的特色产业镇和超 1 亿元的特色产业村，发掘了一批乡土特色工艺。第三，加速发展乡村休闲旅游业。建设了一批休闲旅游精品景点，推介了一批休闲旅游精品线路。近年来，农业农村部和文化旅游部推介了 1000 条乡村旅游精品线路，在“十一”期间成为城市人员下乡旅游的首选地。2019 年，休闲农业接待游客 32 亿人次，营业收入超过 8500 亿元。第四，推动乡村新型服务业发展。2019 年，农林牧渔专业及辅助性活动产值 6500 亿元，各类涉农电商超过 3 万家，农村网络销售额 1.7 万亿元，其中农产品网络销售额 4000 亿元。

二、实施乡村建设行动

党的十八大以来，乡村建设全面提速，农村生产生活条件明显改善，城乡建设差距扩大的趋势得到有效遏制。农村面貌焕然一新，全国基本实现村村通公路、通电力、通电话、通有线电视和宽带，农村社会保障体系逐步健全，农民收入水平不断提高，消费质量明显改善，实现了从温饱不足到丰衣足食、从绝对贫困到全面小康的历史性跨越。2018 年 9 月，中共中央、国务院印发《乡村振兴战略规划（2018—2022 年）》。两年多来，乡村振兴战略规划明确的 7 个方面、59 项重点任务进展顺利，82 项重大工程、重大行动、重大计划有序推进。全国各地开展了乡村振兴示范引领工作，探索形成了人居环境整治、产业园区带动、美丽乡村建设、乡风文明建设等一批典型范例，乡村振兴开局良好。但总的看，我国农村基础设施和公共服务能力还不能适应实施乡村振兴战略、推进现代化国家建设的需要。城乡差距大，最直观、农民反映最强烈的还是基础设施建设和公共服务水平的落差。这既是农业农村优先发展必须优先补齐的突出短板，也是影响农民获得感、幸福感、安全感的主要痛点。因此，《建议》提出要实施乡村建设行动，把乡村建设摆在社会主义现代化建设的重要位置。

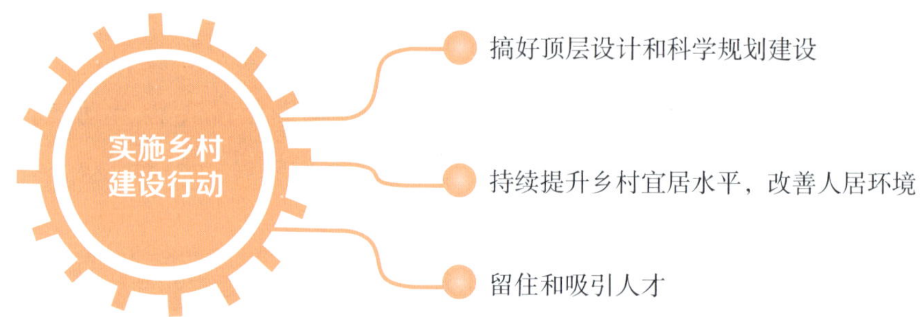

一是搞好顶层设计和科学规划建设。规划是建设的蓝图，乡村建设必须坚持规划引领，有序推进。习近平总书记指出："要按照先规划后建设的原则，通盘考虑土地利用、产业发展、居民点布局、人居环境整治、生态保护和历史文化传承，编制多规合一的实用性村庄规划。"《建议》提出，要强化县城综合服务能力，把乡镇建成服务农民的区域中心；统筹县域城镇和村庄规划建设，保护传统村落和乡村风貌。必须指出的是，在这一过程中，要防止盲目地大拆大建，不能违背农民意愿搞“一刀切”。

二是持续提升乡村宜居水平，改善人居环境。截至 2019 年 12 月底，全国仍有 16% 的行政村没有被生活垃圾收运处置体系覆盖；近 70% 的农户生活污水未得到管控，拥有卫生厕所的农户比例仅为 60%。2019 年，城乡居民收入比仍高达 2.64∶1。农村基础设施和文化教育、卫生、社会保障水平等均显著落后于城镇。因此，《建议》提出，要完善乡村水、电、路、气、通信、广播电视、物流等基础设施，提升农房建设质量；因地制宜推进农村改厕、生活垃圾处理和污水治理，实施河湖水系综合整治，改善农村人居环境。

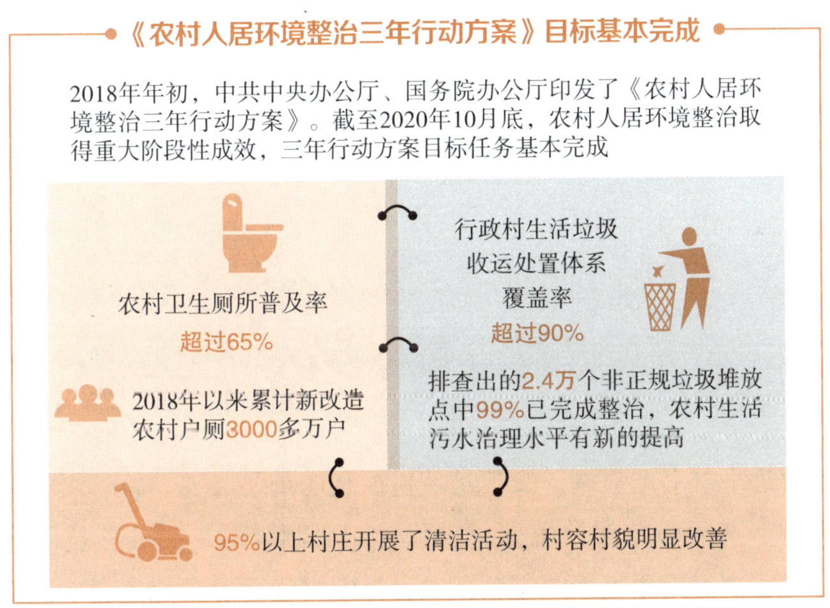

数据来源：农业农村部网站

三是留住和吸引人才。乡村振兴，人才为先。《建议》提出，要提高农民科技文化素质，推动乡村人才振兴。农民思想水平、文化素质和技术能力的高低，直接决定着乡村振兴战略实施的效果。当前，我国农村劳动力总体素质不高，青壮年劳动力留农务农的内生动力总体不足，留不住年轻人的现象没有从根本上得到解决。这就要求统筹推进本土人才培育和各类人才下乡，既要加大农民教育培训力度，培育新型职业农民队伍，又要吸引各类人才投身乡村建设，依靠更多优秀人才助力乡村振兴的伟大实践。

权威评论

胡春华（中共中央政治局委员、国务院副总理）：没有乡村人才的振兴，乡村振兴就缺乏支撑。要着眼提高农民素质和技能，加大农民教育培训力度，提高农民科技文化素质，培育造就一支适应农业农村现代化发展要求的高素质农民队伍。落实吸引人才返乡留乡政策支持体系，打通城乡人才培养交流通道，解决好人才“引不进”“留不住”“用不好”问题，吸引各类人才投身乡村建设，推动乡村人才振兴。

三、深化农村改革

习近平总书记强调，改革是乡村振兴的重要法宝。新时代深化农村改革，必须坚持解放思想，破除体制机制弊端，突破利益固化藩篱，推动农村发展不断向纵深推进，让农村资源要素活化起来，让广大农民积极性和创造性迸发出来，让全社会支农助农兴农力量汇聚起来，为加快推进农业农村现代化提供强大动力。

《建议》提出了深化农村改革的任务，并围绕城乡关系、土地问题、集体经济等提出了许多“硬核”举措。

一是健全城乡融合发展机制。《建议》提出，要推动城乡要素平

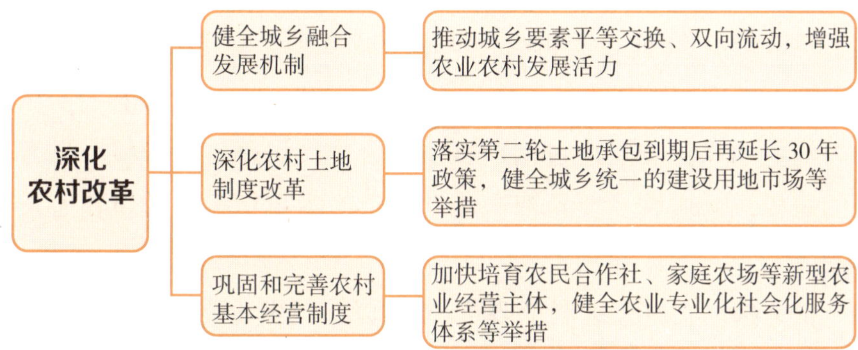

等交换、双向流动，增强农业农村发展活力。当前，从我国实际情况来看，土地、人才、技术、资本等生产要素仍然更多地呈现向城市的单向流动，农村仍然更多地依靠城市发展的带动和辐射。2019 年 4 月，中共中央、国务院印发《关于建立健全城乡融合发展体制机制

深阅读

“十三五”时期，农村改革持续深化，成就显著。农村基本经营制度进一步巩固完善，2 亿多农户领到土地承包经营权证。第二轮土地承包到期后再延长 30 年政策出台，农村承包地所有权、承包权、经营权“三权分置”取得重大进展，新一轮农村宅基地改革试点启动实施。农村集体资产清产核资基本完成，6 亿多人集体成员身份得到确认。农业支持保护制度逐步健全，以绿色生态为导向的农业补贴制度初步建立，调整完善土地出让收入使用范围优先支持乡村振兴政策出台，农村改革“四梁八柱”基本构建。这些成就的取得，是以习近平同志为核心的党中央统揽全局、坚强领导的结果，是亿万农民和广大干部辛勤努力、不懈奋斗的结果，是强农惠农富农政策不断完善、持续强化的结果。

和政策体系的意见》，为重塑新型城乡关系、走城乡融合发展之路提供了政策指引。《建议》再次强调健全城乡融合发展机制，突出表明我国已由过去乡村对城市的被动依赖，转变为更加依靠乡村自身内生动力的主动作为。要通过创新城乡融合发展思路，补齐城乡融合发展的短板，畅通城乡要素双向流动通道，为乡村振兴提供核心发展动能。

二是深化农村土地制度改革。《建议》提出，要落实第二轮土地承包到期后再延长 30 年政策；健全城乡统一的建设用地市场，积极探索实施农村集体经营性建设用地入市制度；建立土地征收公共利益用地认定机制，缩小土地征收范围；探索宅基地所有权、资格权、使用权分置实现形式；保障进城落户农民土地承包权、宅基地使用权、集体收益分配权，鼓励依法自愿有偿转让。这些都是涉及农民根本利益的土地制度改革，必须坚持尊重农民意愿，充分发挥农民的积极性、主动性，把选择权交给农民。

三是巩固和完善农村基本经营制度。《建议》提出，要加快培育农民合作社、家庭农场等新型农业经营主体，健全农业专业化社会化服务体系，发展多种形式适度规模经营，实现小农户和现代农业有机衔接；深化农村集体产权制度改革，发展新型农村集体经济；健全农村金融服务体系，发展农业保险。这表明，在坚持家庭承包经营基础上，培育新型农业经营主体是关乎我国农业现代化的重大战略，对于推进农业供给侧结构性改革、引领农业适度规模经营发展、带动农民就业增收、增强农业农村发展新动能，具有十分重要的意义。

数据来源：农业农村部网站

四、实现巩固拓展脱贫攻坚成果同乡村振兴有效衔接

习近平总书记强调："脱贫摘帽不是终点，而是新生活、新奋斗的起点。""十四五"时期，我国将着力推进脱贫攻坚同乡村振兴有效衔接，在脱贫摘帽地区接续全面推进乡村振兴，大力发展乡村产业，巩固拓展脱贫攻坚成果，防止返贫。

《建议》提出，要实现巩固拓展脱贫攻坚成果同乡村振兴有效衔接。这就要求把脱贫攻坚形成的政策、制度和工作体系等一整套行之有效的办法移植到乡村振兴中，全面推进乡村产业、人才、文化、生态、组织五大领域的全面振兴。

一是巩固脱贫攻坚成果，增强内生动力。必须看到，打赢脱贫攻坚战之后，一些农村脱贫户虽然收入超过了贫困线、实现了"两不愁三保障"，但还存在返贫致贫风险，有些风险还比较大。另外，有些

巩固脱贫攻坚成果，增强内生动力

强化东西部区域合作

实现巩固拓展脱贫攻坚成果同乡村振兴有效衔接

靠短期帮扶举措脱贫、靠政策托底脱贫、刚过贫困线仍处于边缘的人群，一旦失去帮扶或帮扶力度减弱，很容易返贫。因此，《建议》提出，要建立农村低收入人口和欠发达地区帮扶机制，保持财政投入力度总体稳定，接续推进脱贫地区发展；健全防止返贫监测和帮扶机制，做好易地扶贫搬迁后续帮扶工作，加强扶贫项目资金资产管理和

深阅读

“十三五”时期，农民收入提前实现翻番目标。2019年，农村居民人均可支配收入突破1.6万元，提前一年比2010年翻一番，增速连续10年高于城镇居民，城乡居民收入差距持续缩小，由2015年的2.73∶1缩小到2019年的2.64∶1。2020年前三季度，农村居民人均可支配收入达到12297元，实际增长1.6%，第四季度增速将继续提高。小康之年，农民将有更多获得感、幸福感。

“十三五”时期，我国脱贫攻坚取得决定性成就。到2020年年底，现行标准下贫困人口将全部脱贫，832个贫困县将全部摘帽，区域性整体贫困问题将得到解决。产业扶贫政策覆盖了98%的贫困户，贫困地区累计实施产业扶贫项目超过100万个，建成各类产业扶贫基地超过30万个，每个贫困县都形成了特色鲜明、带贫能力强的主导产业，产业扶贫成为覆盖面最广、带动人数最多、取得成效最大的扶贫举措。

监督，推动特色产业可持续发展。与此同时，还要健全农村社会保障和救助制度。对一些没有劳动能力、无法通过产业就业获得收入的人群，要应保尽保，保障他们的基本生活。

二是强化东西部区域合作。《建议》提出，要在西部地区脱贫县中集中支持一批乡村振兴重点帮扶县，增强其巩固脱贫成果及内生发展能力；坚持和完善东西部协作和对口支援、社会力量参与帮扶等机制。习近平总书记强调，东西部扶贫协作和对口支援，是推动区域协调发展、协同发展、共同发展的大战略，是加强区域合作、优化产业布局、拓展对内对外开放新空间的大布局，是实现先富帮后富、最终实现共同富裕目标的大举措。西部地区低收入人口较多，集中了大部分的脱贫摘帽地区，且脱贫摘帽时间较晚，发展水平相对较低，缺乏自我帮扶能力。要对西部地区一批乡村振兴重点帮扶县给予集中支持，帮助其巩固脱贫成果，增强内生发展能力。坚持先富带后富，坚持和完善东西部协作和对口支援、社会力量参与帮扶等机制，进一步优化结对帮扶关系和协作帮扶方式。

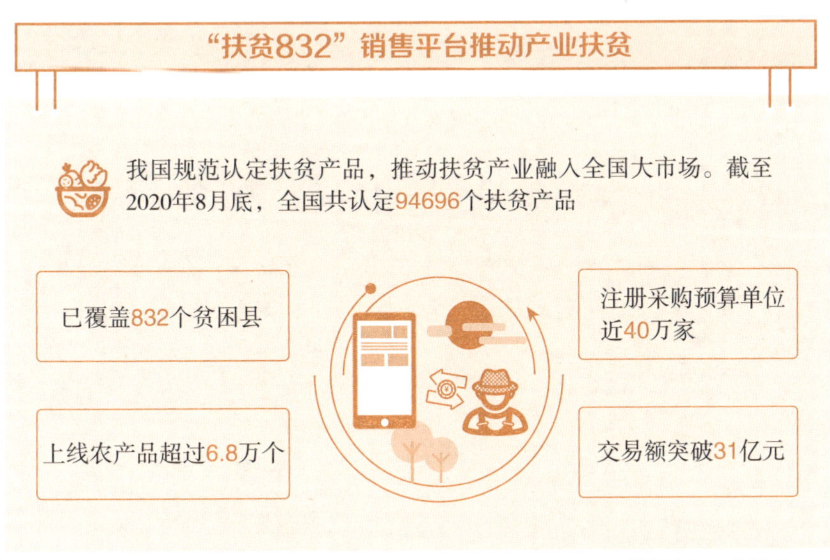

数据来源：新华社

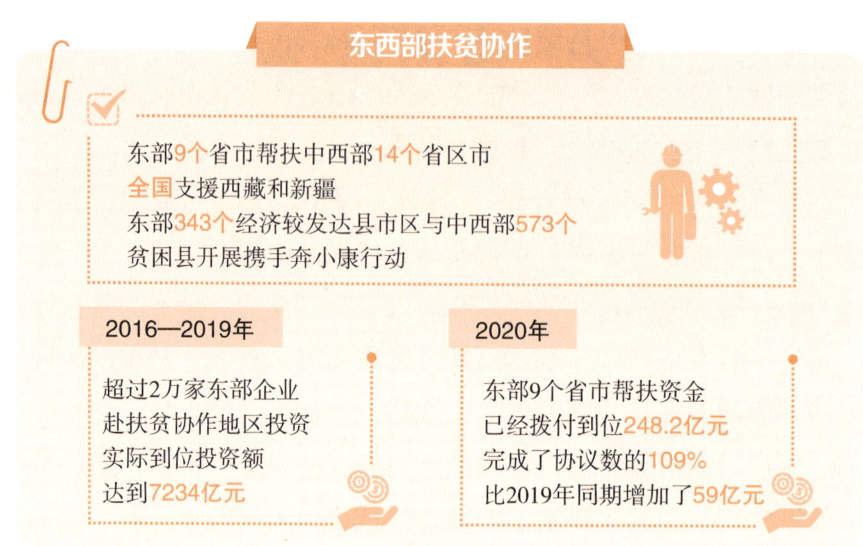

数据来源：国务院扶贫办网站

中国要强，农业必须强；中国要美，农村必须美；中国要富，农民必须富。可以设想，通过艰苦努力，到 21 世纪中叶，一幅农业强、农村美、农民富的美好图景将会变为现实。

第八讲

推进区域协调发展和新型城镇化

国土空间是国民生存的场所和环境，是一切经济社会活动的载体。在“十四五”时期以及未来 15 年，优化国土空间布局的一个重要方面，就是推进区域协调发展和新型城镇化建设。《建议》提出了优化国土空间布局、推进区域协调发展和新型城镇化的重大任务，强调要坚持实施区域重大战略、区域协调发展战略、主体功能区战略，健全区域协调发展体制机制，完善新型城镇化战略，构建高质量发展的国土空间布局和支撑体系。这为“十四五”时期我国区域协调发展和新型城镇化建设指明了方向。

一、构建国土空间开发保护新格局

从本质上讲，优化国土空间布局就是依据自然生态属性、资源环境承载能力、现有开发密度和发展潜力，统筹考虑将来我国人口分布、经济布局、国土利用和城镇化格局，按区域分工和协调发展的原则划定具有某种特定主体功能定位的空间单元，按照空间单元的主体功能定位调整完善区域政策和绩效评价，规范空间开发秩序，最终形成科学合理的空间开发结构。

正如一栋房子要划分客厅、卧室、厨房等不同功能区一样，我国辽阔的国土空间也要进行功能区分，让不同区域承载不同的功能，以实现扬长避短、优化发展的目的。2005 年，我国开始推进主体功能区规划建设。2010 年 12 月，国务院印发《全国主体功能区规划》，将国土空间划分为优化开发、重点开发、限制开发和禁止开发四类主体功能区。此后，党的十八大、十八届三中全会、十九大都从制度层面提出了建立国土空间开发保护制度。进入新发展阶段，《建议》在这个基础上提出构建国土空间开发保护新格局的重大任务。

一是逐步形成三大空间格局。《建议》提出，要立足资源环境承

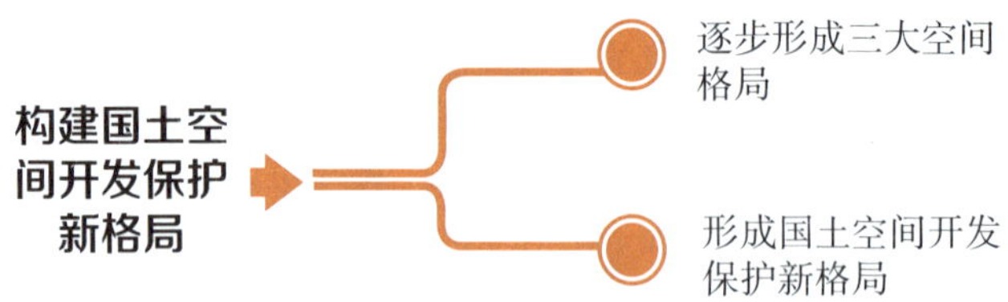

载能力，发挥各地比较优势，逐步形成城市化地区、农产品主产区、生态功能区三大空间格局，优化重大基础设施、重大生产力和公共资源布局。众所周知，我国区域间资源禀赋差异非常大，不同的国土空间，自然状况不同。海拔很高、地形复杂、气候恶劣以及其他生态脆弱或生态功能重要的区域，不适宜大规模高强度的工业化城镇化开发。实现空间的高质量发展，最基础的就是根据不同空间的资源环境承载能力合理布局三大空间格局，明确哪一类空间要有序有度开发，哪一类空间要优化重点开发，哪一类空间要限制或禁止开发。下一步，要完善和落实主体功能区战略，细化主体功能区划分，按照主体功能定位划分政策单元，对重点开发地区、生态脆弱地区、能源资源地区等制定差异化政策，分类精准施策，推动形成主体功能约束有效、国土开发有序的空间发展格局。

权威评论

杨伟民（全国政协常委、经济委员会副主任）：不同的空间单元有不同的功能。如果违背自然规律，对不适宜开发的空间进行开发，大自然就会报复。我们实行的退耕还林、退牧还草、退田还湖等，就是发现功能错位的开发已经受到了自然的惩罚，所以才开始纠正我们的错误行为，纠正人为创造的功能，还自然应有的功能。

二是形成国土空间开发保护新格局。《建议》提出，要支持城市化地区高效集聚经济和人口、保护基本农田和生态空间，支持农产品主产区增强农业生产能力，支持生态功能区把发展重点放到保护生态环境、提供生态产品上，支持生态功能区的人口逐步有序转移，形成主体功能明显、优势互补、高质量发展的国土空间开发保护新格局。这就要求必须根据各地区的条件和特点，进行合理分工，宜水则水、宜山则山，宜粮则粮、宜农则农，宜工则工、宜商则商，发挥各自的比较优势。经济发展条件好的地区，要承载更多产业和人口，发挥价值创造作用；三江源、黄土高原、大兴安岭等重要生态功能区，首要任务是保持并提高生态产品供给能力；三江平原、松嫩平原、长江中游及江淮地区等粮食主产区，要优先考虑粮食安全问题，保障全国耕地数量质量和农产品供给；边疆地区等涉及国家安全的重要地区，要考虑国家安全因素，增强边疆地区发展能力，使之有一定的人口和经济支撑，以促进民族团结和边疆稳定。

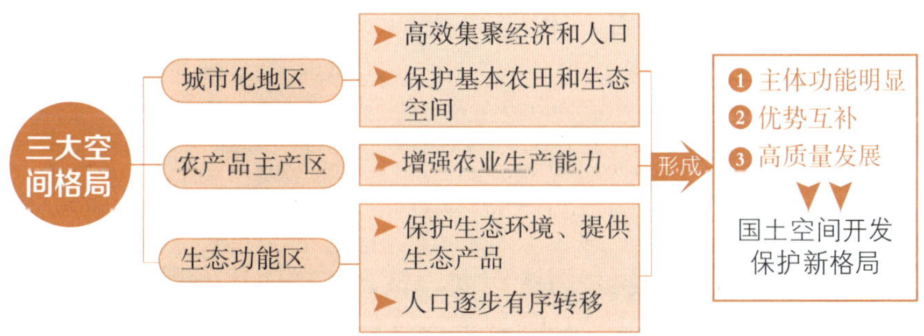

二、推动区域协调发展

党的十八大以来，以习近平同志为核心的党中央围绕区域协调发展这篇大文章，精心谋划、科学布局，相继提出了京津冀协同发展、

习近平（中共中央总书记、国家主席、中央军委主席）：当前，我国区域发展形势是好的，同时出现了一些值得关注的新情况新问题。一是区域经济发展分化态势明显。长三角、珠三角等地区已初步走上高质量发展轨道，一些北方省份增长放缓，全国经济重心进一步南移。2018 年，北方地区经济总量占全国的比重为 38.5%，比 2012 年下降 4.3 个百分点。各板块内部也出现明显分化，有的省份内部也有分化现象。二是发展动力极化现象日益突出。经济和人口向大城市及城市群集聚的趋势比较明显。北京、上海、广州、深圳等特大城市发展优势不断增强，杭州、南京、武汉、郑州、成都、西安等大城市发展势头较好，形成推动高质量发展的区域增长极。三是部分区域发展面临较大困难。东北地区、西北地区发展相对滞后。2012 年至 2018 年，东北地区经济总量占全国的比重从 8.7% 下降到 6.2%，常住人口减少 137 万，多数是年轻人和科技人才。一些城市特别是资源枯竭型城市、传统工矿区城市发展活力不足。

长江经济带发展、粤港澳大湾区建设、长三角一体化发展、黄河流域生态保护和高质量发展等新的区域发展战略，推动我国区域协调发展不断向着更加均衡、更高层次、更高质量方向阔步前行，取得了历史性成就。

我国经济社会发展进入新阶段，党的十九届五中全会对区域协调发展提出了新要求，作出了新部署。《建议》提出，要推动区域协调发展，坚持实施区域重大战略、区域协调发展战略，并提出了以下几个方面的任务。

我国区域发展总体战略新格局

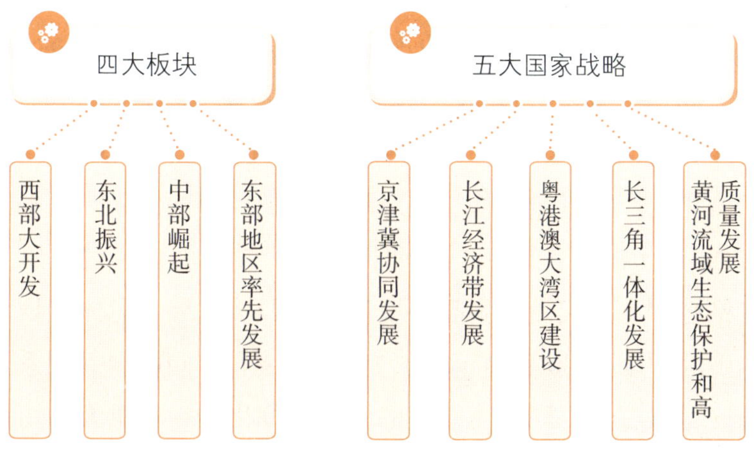

一是推动西部大开发形成新格局，推动东北振兴取得新突破，促进中部地区加快崛起，鼓励东部地区加快推进现代化。新时代推进西部大开发形成新格局，要贯彻新发展理念，推动高质量发展；以共建“一带一路”为引领，加大西部开放力度；加大美丽西部建设力度，筑牢国家生态安全屏障；深化重点领域改革，坚定不移推动重大改革举措落实；坚持以人民为中心，把增强人民群众获得感、幸福感、安全感放到突出位置；加强政策支持和组织保障。东北振兴要以改革为突破口，加快国有企业改革，让老企业焕发新活力。另外，还要打造对外开放新前沿，多吸引跨国企业到东北投资。

二是支持革命老区、民族地区加快发展，加强边疆地区建设，推进兴边富民、稳边固边。当前，革命老区正处于持续发力、跨越发展的关键时期，巩固老区脱贫成果、延续老区发展良好态势，需要采取更有力的政策举措，需要接续政策“扶上马、送一程”。要加快民族地区发展，进一步支持基础设施建设，支持经济结构调整，加大财政投入和金融支持，妥善解决生态建设和资源开发的补偿问题，加大对人口较少民族的扶持力度，扶持发展教育和科技、文化、卫生、体育事业，完善民族工作领导体制和工作机制等。

三是推进京津冀协同发展、长江经济带发展、粤港澳大湾区建设、长三角一体化发展，打造创新平台和新增长极；推动黄河流域生态保护和高质量发展；高标准、高质量建设雄安新区。"十四五"时期，京津冀协同发展面临的新任务主要体现在北京非首都功能疏解、交通一体化、产业升级转移、生态环境保护、协同创新、基本公共服务等方面。"十四五"时期，推动长江经济带发展，关键是要正确把握整体推进和重点突破、生态环境保护和经济发展、总体谋划和久久为功、破除旧动能和培育新动能、自身发展和协同发展等关系。设立雄安新区是以习近平同志为核心的党中央作出的一项重大的历史性战略选择，是千年大计、国家大事。"十四五"时期，要严格落实《建议》要求，把雄安新区建设成为高水平社会主义现代化城市和创新发展示范区。

四是坚持陆海统筹，发展海洋经济，建设海洋强国。随着海洋经

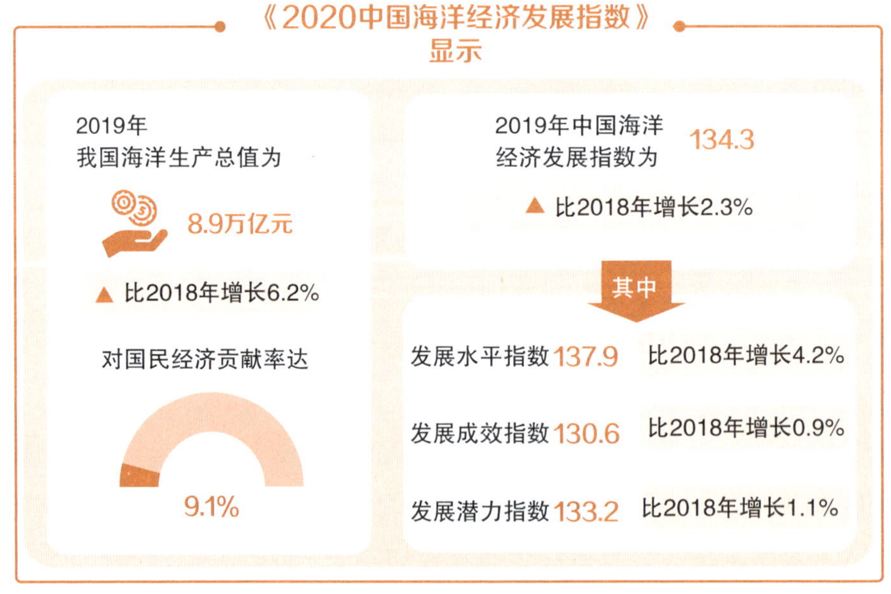

数据来源：自然资源部网站

深阅读

走向海洋是民族振兴、国家富强的必由之路。习近平总书记强调，要提高海洋资源开发能力，着力推动海洋经济向质量效益型转变；要保护海洋生态环境，着力推动海洋开发方式向循环利用型转变；要发展海洋科学技术，着力推动海洋科技向创新引领型转变；要维护国家海洋权益，着力推动海洋维权向统筹兼顾型转变。这“四个转变”深刻阐明了我国发展海洋事业的主要任务和实施路径，构筑起全面经略海洋的“四梁八柱”。

济的迅猛发展，拓展蓝色经济空间的重要性日益凸显，海洋正成为高质量发展的战略要地。落实《建议》要求，就要发挥海洋优势，提升海洋价值，合理开发利用海洋资源，构建完善的现代海洋产业体系。要着眼中国特色社会主义事业发展全局，统筹国内国际两个大局，坚持陆海统筹，坚持走依海富国、以海强国、人海和谐、合作共赢的发展道路，通过和平、发展、合作、共赢方式，扎实推进海洋强国建设。

五是健全区域战略统筹、市场一体化发展、区域合作互助、区际利益补偿等机制，更好促进发达地区和欠发达地区、东中西部和东北地区共同发展。《建议》从健全区域协调发展机制的层面提出了具体要求。根据《中共中央　国务院关于建立更加有效的区域协调发展新机制的意见》，加快构建重大区域战略统筹机制，要从强化新发展理念的方向指引作用、重视区域间产业关系的核心地位、重视区域间利益共享机制的推动作用、强化区域管理制度的基础性作用四个方面入手。

六是完善转移支付制度，加大对欠发达地区财力支持，逐步实现基本公共服务均等化。由于目前转移支付制度体系不够健全，主要问题是一般性转移支付中指定用途资金占比仍较高，部分转移支付安排交叉重叠，部分转移支付管理办法不完善或执行不严格等，因此《建议》提出了这项要求。

三、推进以人为核心的新型城镇化

城镇化是现代化的必由之路。对我国这样一个发展中大国来说，推进城镇化是解决农业、农村、农民问题的重要途径，是推动区域协调发展的有力支撑，是扩大内需和促进产业升级的重要抓手，对加快推进社会主义现代化具有重大现实意义和深远历史意义。推进以人为核心的新型城镇化，是党的十八大以来党中央提出的城镇化战略新理念，是适应我国现实国情的中国特色城镇化之路。

中国正在经历人类历史上规模最大的一次城镇化进程。“十三五”时期，我国新型城镇化质量稳步提高，中心城市和城市群人口集聚能力逐步提升，都市圈建设有序推进，特大镇设市取得突破。2019 年年末，全国常住人口城镇化率升至 60.6%，比 2015 年提高 4.5 个百分点，1 亿左右农业转移人口和其他常住人口在城镇落户目标取得决定性进展。

同时，城镇化发展不平衡不充分的问题依然存在，体制机制障碍尚未完全破除，城市基础设施存在不少短板弱项，大中小城市发展仍不协调，农业转移人口市民化质量有待提高。面对这些问题，我们必须认识到，城镇化是一个自然历史过程，涉及面很广，要积极稳妥加以推进。因此，《建议》强调推进以人为核心的新型城镇化，更加注重提升人民群众的获得感、幸福感、安全感。

一是实施城市更新行动，推进城市生态修复、功能完善工程，统筹城市规划、建设、管理，合理确定城市规模、人口密度、空间结

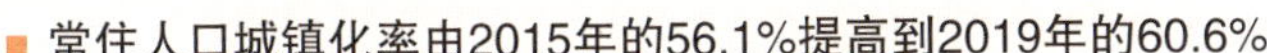

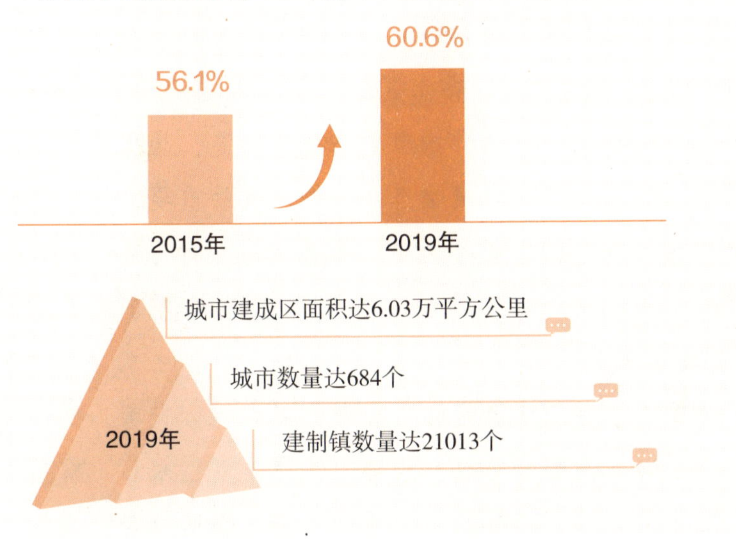

数据来源：《人民日报》

构，促进大中小城市和小城镇协调发展。《建议》提出实施城市更新行动，旨在补齐我国城市发展中的短板，使城市更绿色、更健康、更安全、更宜居。

二是强化历史文化保护、塑造城市风貌，加强城镇老旧小区改造和社区建设，增强城市防洪排涝能力，建设海绵城市、韧性城市；提高城市治理水平，加强特大城市治理中的风险防控。习近平总书记在中央城镇化工作会议上指出，城镇建设要体现尊重自然、顺应自然、天人合一的理念，依托现有山水脉络等独特风光，让城市融入大自然，让居民望得见山、看得见水、记得住乡愁。要把老城区改造提升同保护历史遗迹、保存历史文脉统一起来，既要改善人居环境，又要保护历史文化底蕴，让历史文化和现代生活融为一体。

三是坚持房子是用来住的、不是用来炒的定位，租购并举、因城

深阅读

海绵城市是新一代城市雨洪管理概念，是指城市能够像海绵一样，在适应环境变化和应对雨水带来的自然灾害等方面具有良好的弹性，下雨时吸水、蓄水、渗水、净水，需要时将蓄存的水“释放”并加以利用，以提升城市生态系统功能，减少城市洪涝灾害的发生。海绵城市建设是生态可持续发展的重要内容，是城市水安全和生态系统的保护和再造。国务院办公厅2015年10月印发的《关于推进海绵城市建设的指导意见》，部署了推进海绵城市建设工作。

韧性城市是指城市能够凭自身的能力抵御灾害，减轻灾害损失，并合理地调配资源以从灾害中快速恢复过来。也就是说，当灾害发生的时候，韧性城市能承受冲击，快速应对、恢复，保持城市功能正常运行，并通过适应来更好地应对未来的灾害风险。韧性城市既能治理城市的“慢性病”，如公共交通系统效率低下、失业率居高不下、食物及用水常年供应不足等问题，又能治理城市的“急性病”，如地震、洪涝、疫情、恐怖袭击等突发事件带来的冲击。

施策，促进房地产市场平稳健康发展；有效增加保障性住房供给，完善土地出让收入分配机制，探索支持利用集体建设用地按照规划建设租赁住房，完善长租房政策，扩大保障性租赁住房供给。促进房地产市场平稳健康发展，除了建立多主体供给、多渠道保障、租购并举的制度，还要坚持调控目标不动摇，力度不放松，保持政策的连续性、稳定性，进一步夯实地方政府主体责任；建立完善差异化的调控政策体系；建立完善房地产的统计和市场监测预警机制，提高调控精准性；大力加强对房地产市场的监管，特别是严厉打击房地产企业和中介机构违法违规行为。

数据来源：住房和城乡建设部网站

四是深化户籍制度改革，完善财政转移支付和城镇新增建设用地规模与农业转移人口市民化挂钩政策，强化基本公共服务保障，加快农业转移人口市民化。户籍制度改革涉及千家万户，事关广大人民群众切身利益。从这些年的经验来看，户籍制度改革是一项复杂的系统工程，既要统筹考虑，又要因地制宜、区别对待，还要坚持积极稳妥、规范有序，充分考虑能力和可能，优先解决存量，有序引导增量。

五是优化行政区划设置，发挥中心城市和城市群带动作用，建设现代化都市圈；推进成渝地区双城经济圈建设；推进以县城为重要载体的城镇化建设。2019 年，我国 19 个城市群承载了全国 78% 的人口，贡献了超过 80% 的国内生产总值。培育发展一批现代化都市圈，形成区域竞争新优势，可以为城市群高质量发展、经济转型升级提供重要支撑。根据《建议》要求，要推进都市圈基础设施一体化，强化城市间产业分工协作，加快建设统一开放市场，推进公共服务共建共享，强化生态环境共保共治，率先实现城乡融合发展，构建都市圈一体化发展机制。

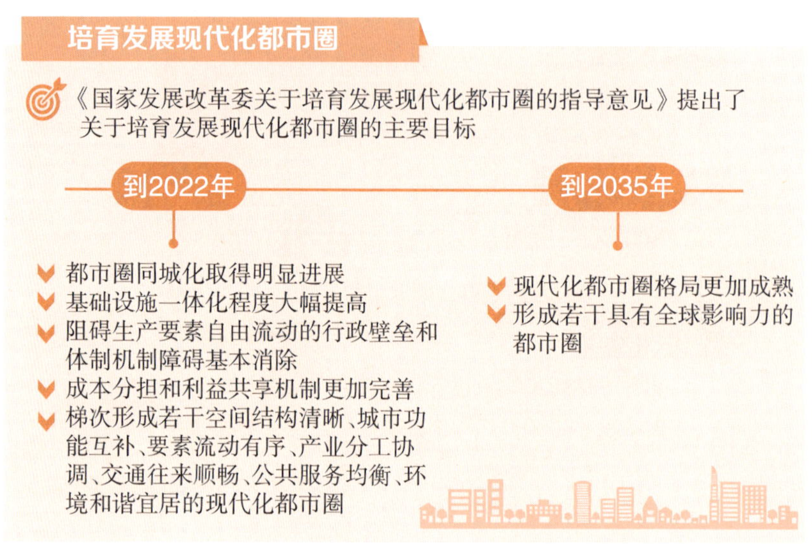

权威评论

王一鸣（全国政协委员、国务院发展研究中心原副主任）：新发展格局给城市发展带来的新要求主要体现在：要加快农业转移人口市民化，增强大都市圈和城市群“双循环”的枢纽和战略支点作用，增强中心城市的创新策源功能，培育更多有竞争力的城市群，提高基本公共服务均等化和可及性，提高城市治理现代化水平，增强沿海城市“外引内联”的纽带作用。

第九讲

提高国家文化软实力

文化是一个国家、一个民族的灵魂。提高国家文化软实力，不仅关系我国在世界文化格局中的定位，而且关系我国国际地位和国际影响力，关系“两个一百年”奋斗目标和中华民族伟大复兴中国梦的实现。《建议》提出要繁荣发展文化事业和文化产业，提高国家文化软实力；强调坚持马克思主义在意识形态领域的指导地位，坚定文化自信，坚持以社会主义核心价值观引领文化建设，加强社会主义精神文明建设，围绕举旗帜、聚民心、育新人、兴文化、展形象的使命任务，促进满足人民文化需求和增强人民精神力量相统一，推进社会主义文化强国建设。这是基于历史和现实、着眼全局和长远作出的战略抉择，标志着我国文化建设在“两个一百年”奋斗目标接续推进中进入了一个新的历史阶段。

一、提高社会文明程度

党的十八大以来，以习近平同志为核心的党中央从决胜全面建成小康社会、夺取中国特色社会主义新胜利的战略全局出发，高度重视提高社会文明程度。十九大报告明确提出，要提高人民思想觉悟、道

我国社会文明程度不断提升

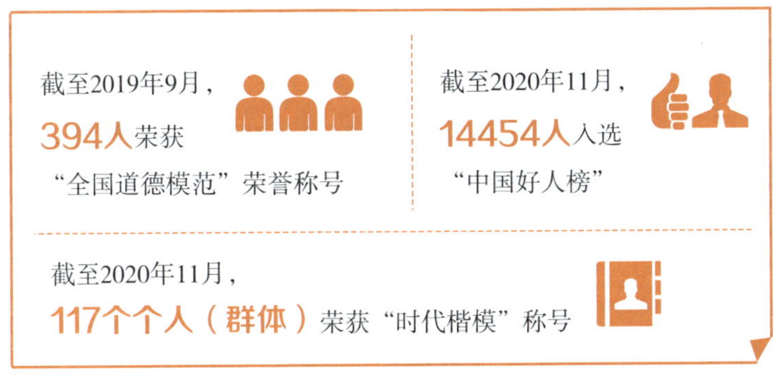

数据来源：中国文明网

权威声音

习近平（中共中央总书记、国家主席、中央军委主席）：中国特色社会主义是全面发展、全面进步的伟大事业，没有社会主义文化繁荣发展，就没有社会主义现代化。要坚定文化自信，推动中华优秀传统文化创造性转化、创新性发展，继承革命文化，发展社会主义先进文化，不断铸就中华文化新辉煌，建设社会主义文化强国。

统筹推进“五位一体”总体布局、协调推进“四个全面”战略布局，文化是重要内容；推动高质量发展，文化是重要支点；满足人民日益增长的美好生活需要，文化是重要因素；战胜前进道路上各种风险挑战，文化是重要力量源泉。

德水准、文明素养，提高全社会文明程度。钟南山、张富清、黄文秀等时代楷模、道德模范、最美人物、身边好人不断涌现，他们的先进典型事迹感人肺腑。特别是在抗击新冠肺炎疫情中，广大志愿者真诚奉献、不辞辛劳，为疫情防控作出了重大贡献。这都是我国社会文明程度不断提高的鲜活体现。

随着我国发展进入新阶段，为进一步提升社会文明程度，《建议》部署了一系列重大任务。贯彻党的十九届五中全会精神，落实《建

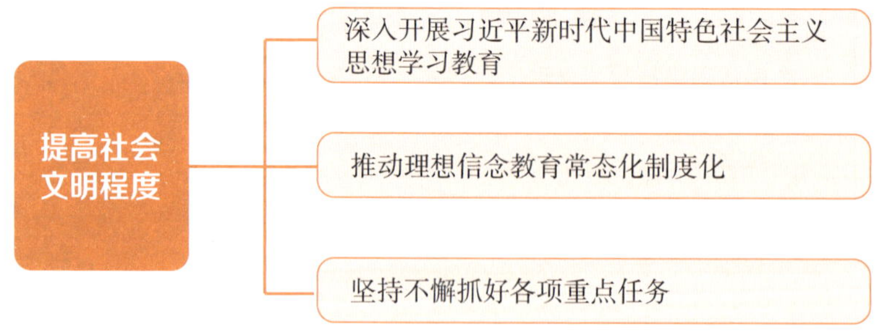

议》要求，我们必须坚持重在建设、以立为本，坚持久久为功、持之以恒，努力推动形成适应新时代要求的思想观念、精神面貌、文明风尚、行为规范。

一是深入开展习近平新时代中国特色社会主义思想学习教育，推进马克思主义理论研究和建设工程。习近平新时代中国特色社会主义思想是当代中国马克思主义、21 世纪马克思主义。这一思想既具有强大的真理说服力、实践指导力，又具有强大的思想引领力、精神感召力。提高社会文明程度，首先要深入开展习近平新时代中国特色社会主义思想学习教育。要坚持不懈用这一思想武装全党、教育人民，推动全党学懂弄通做实这一思想，推动习近平新时代中国特色社会主义思想往深里走、往实里走、往心里走。

二是推动理想信念教育常态化制度化。《建议》提出，要加强党史、新中国史、改革开放史、社会主义发展史教育，加强爱国主义、集体主义、社会主义教育，弘扬党和人民在各个历史时期奋斗中形成的伟大精神，推进公民道德建设，实施文明创建工程，拓展新时代文

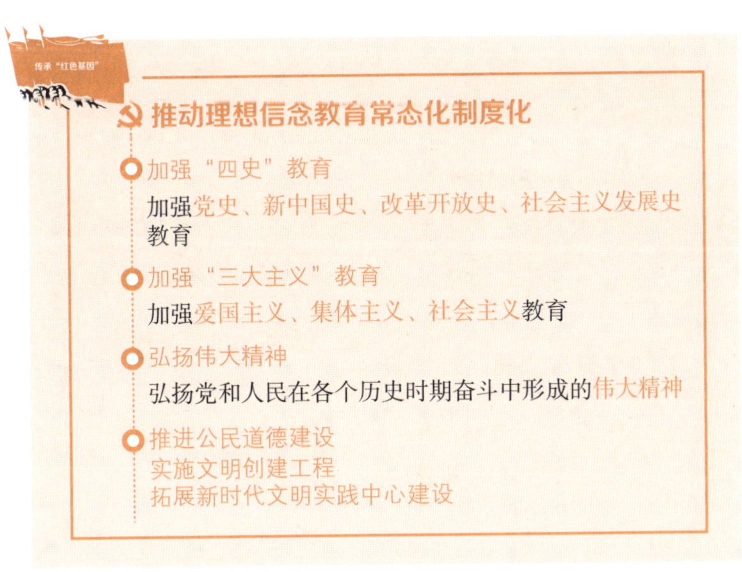

明实践中心建设。通过学习“四史”，可以使广大干部群众深刻认识红色政权来之不易、新中国来之不易、中国特色社会主义来之不易。要贯彻落实《新时代公民道德建设实施纲要》，适应新时代新要求，坚持目标导向和问题导向相统一，进一步加大工作力度，把握规律、积极创新，持之以恒、久久为功，推动全民道德素质和社会文明程度达到一个新高度。

三是坚持不懈抓好各项重点任务。《建议》要求，要健全志愿服务体系，广泛开展志愿服务关爱行动；弘扬诚信文化，推进诚信建设；提倡艰苦奋斗、勤俭节约，开展以劳动创造幸福为主题的宣传教育；加强家庭、家教、家风建设；加强网络文明建设，发展积极健康的网络文化。其中，在健全志愿服务体系方面，要着力加强组织体系建设，全面提升志愿者行动的动员力；着力加强项目体系建设，全面提升志愿者行动的服务力；着力加强文化体系建设，全面提升志愿者行动的引领力；着力加强制度体系建设，全面提升志愿者行动的法治化水平；着力加强创新体系建设，全面提升志愿者行动的时代性和可持续发展能力；着力加强海外志愿服务体系建设，全面提升志愿者行

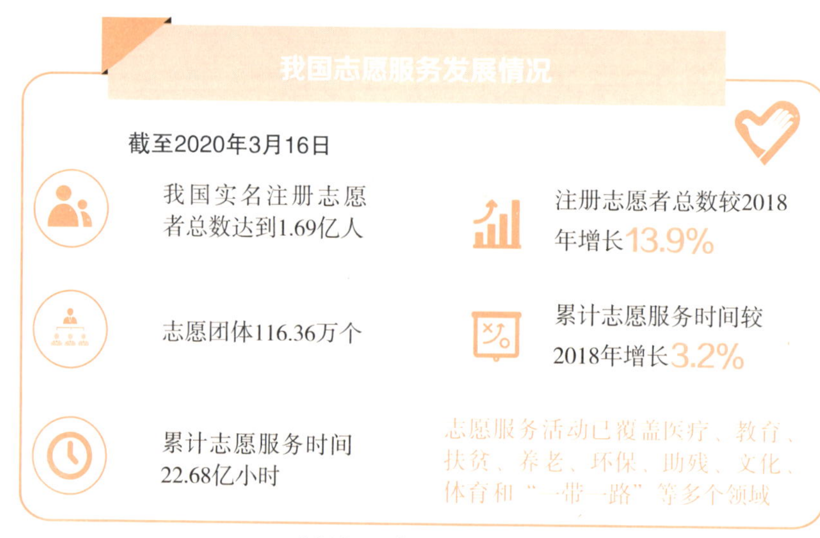

数据来源：《慈善蓝皮书：中国慈善发展报告（2020）》

动的国际化水平。弘扬诚信文化，要培养诚信文化理念，加强学习和宣传，注重实践。要把家风建设摆在重要位置，自觉营造良好家风，建好家庭幸福港湾，以好家风引领好的社会风气。在网络文明建设方面，要加强和创新网络内容建设，大力开展网络文明实践，完善网络综合治理体系。

二、提升公共文化服务水平

经济社会发展水平越高，人民群众的物质生活越丰富，精神文化需求就越突出。我们即将全面建成小康社会、开启全面建设社会主义现代化国家新征程，我国经济已转向高质量发展阶段，人民改善生活品质的愿望更加强烈，享有更丰富、更高品位文化生活的期盼日益高涨。可以说，文化已经成为民生的重要组成部分，成为衡量人民幸福指数的重要尺度。

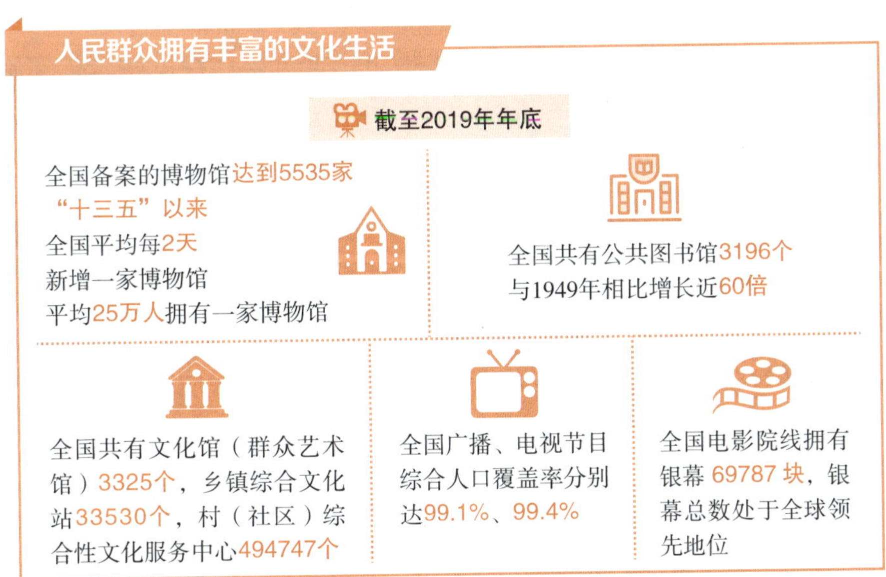

数据来源：求是网、国家文物局网站

目前，我国文化需求和文化供给之间的结构性矛盾还比较突出，“缺不缺、够不够”问题总体上得到解决，“好不好、精不精”问题越来越凸显，高水平文化服务相对缺乏。这就需要适应我国社会主要矛盾变化，着眼不断实现人民对美好生活的向往，努力提供更多优质公共文化产品和服务。《建议》提出要提升公共文化服务水平，并着眼于让人民享有更加充实、更为丰富、更高质量的精神文化生活，不断丰富人民精神世界、增强人民精神力量，作出全面繁荣新闻出版、广播影视、文学艺术、哲学社会科学事业的重大部署。

一是在文艺创作方面，《建议》提出，实施文艺作品质量提升工程，加强现实题材创作生产，不断推出反映时代新气象、讴歌人民新创造的文艺精品。推动文艺繁荣发展，就要与时代同步伐，努力创作出无愧于时代、无愧于人民、无愧于民族的优秀作品。近年来，我国文艺创作取得了可观的成绩。以电影为例，2019 年中国内地共生产电影 1037 部，城市院线观影人次 17 亿多，票房收入 642 亿多元，其中 47 部国产电影票房过亿元。“十四五”时期，我们要乘势而上，继续推出高质量的优秀文艺作品。

二是在媒体融合方面，《建议》提出，推进媒体深度融合，实施全媒体传播工程，做强新型主流媒体，建强用好县级融媒体中心。新时代，媒体格局、舆论生态、受众对象、传播技术都在发生深刻变化，特别是互联网正在媒体领域催发一场前所未有的变革。要研究把握现代新闻传播规律和新兴媒体发展规律，强化互联网思维和一体化发展理念，推动各种媒介资源、生产要素有效整合，推动信息内容、技术应用、平台终端、人才队伍共享融通。要尽快从相“加”阶段迈向相“融”阶段，从“你是你、我是我”变成“你中有我、我中有你”，进而变成“你就是我、我就是你”，着力打造一批新型主流媒体。

三是在文化服务方面，《建议》提出，推进城乡公共文化服务体系一体建设，创新实施文化惠民工程，广泛开展群众性文化活动，推动公共文化数字化建设；加强国家重大文化设施和文化项目建设，推进国家版本馆、国家文献储备库、智慧广电等工程。其中，推动公共文化数字化建设，要注重覆盖大众，全面推进改革创新；注重培育品牌，体现“地方特色”与“中国特色”有机契合；注重创新技术，推动数字科技与先进文化深度融合。“十三五”时期，我国在国家重大文化设施和文化项目建设上获得了巨大成就。“十四五”时期，要根据《建议》要求持续发力，创新推进。

四是在传统文化保护方面，《建议》提出，传承弘扬中华优秀传统文化，加强文物古籍保护、研究、利用，强化重要文化和自然遗产、非物质文化遗产系统性保护，加强各民族优秀传统手工艺保护和传承，建设长城、大运河、长征、黄河等国家文化公园。在建设国家文化公园方面，要贯彻落实《长城、大运河、长征国家文化公园建设方案》，以长城、大运河、长征沿线一系列主题明确、内涵清晰、影

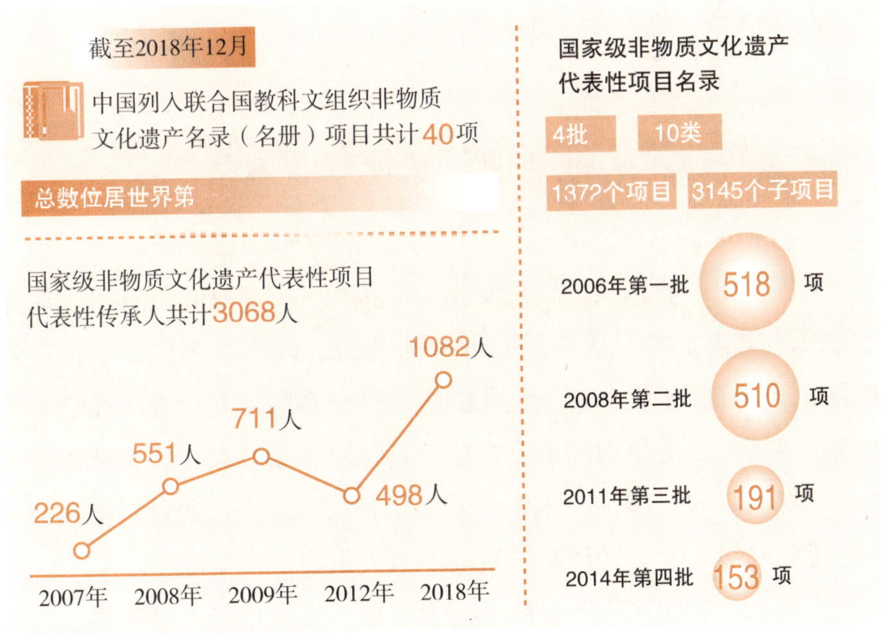

数据来源：《人民日报》

响突出的文物和文化资源为主干，生动呈现中华文化的独特创造、价值理念和鲜明特色，促进科学保护、世代传承、合理利用，积极拓展思路、创新方法、完善机制，到2023年年底基本完成建设任务。

五是在体育健康方面，《建议》提出，广泛开展全民健身运动，增强人民体质；筹办好北京冬奥会、冬残奥会。“十四五”时期，要紧紧围绕满足人民群众需求，构建更高水平的全民健身公共服务体系；推动健康关口前移，建立体育和卫生健康等部门协同、全社会共同参与的运动促进健康新模式；坚持健康第一的教育理念，加强学校体育工作，推动青少年文化学习和体育锻炼协调发展；推动体育产业高质量发展，不断满足体育消费需求；加快推进体育改革创新步伐，为我国体育事业发展注入新的活力和动力；创新竞技体育人才培养、选拔、激励保障机制和国家队管理体制；坚决推进反兴奋剂斗争，强化“拿道德的金牌、风格的金牌、干净的金牌”意识，坚决做到兴奋剂问题“零出现”“零容忍”。要高质量筹办北京冬奥会、冬残奥会，实现办赛精彩、参赛出彩的目标。

三、健全现代文化产业体系

现代文化产业体系是新兴文化产业按照一定秩序、规律和逻辑组合而成的文化生产有机体，以创意为动力、以内容为核心、以技术为手段，是高技术化和高文化化的统一体。现代文化产业体系已经成为衡量经济综合竞争力的重要标尺，不仅对推动社会主义文化繁荣发展、更好满足人民精神文化生活需求具有重大意义，而且对推动经济体系优化升级、实现经济高质量发展至关重要。

近年来，我国文化产业持续健康发展，文化市场主体规模实力不断壮大，文化产业已经成为战略性支柱产业。顺应这一趋势，《建议》

数据来源：国家统计局网站

提出健全现代文化产业体系，旨在推动各类文化市场主体发展壮大，培育新型文化业态和文化消费模式，以高质量文化供给增强人们的文化获得感、幸福感。

一是坚持把社会效益放在首位、社会效益和经济效益相统一，深化文化体制改革，完善文化产业规划和政策，加强文化市场体系建设，扩大优质文化产品供给。习近平总书记指出：“文艺不能当市场的奴隶，不要沾满了铜臭气。优秀的文艺作品，最好是既能在思想上、艺术上取得成功，又能在市场上受到欢迎。要坚守文艺的审美理想、保持文艺的独立价值，合理设置反映市场接受程度的发行量、收视率、点击率、票房收入等量化指标，既不能忽视和否定这些指标，又不能把这些指标绝对化，被市场牵着鼻子走。”衡量文化产业发展质量和水平，最重要的不是看经济效益，而是看能不能提供更多既能满足人民文化需求又能增强人民精神力量的文化产品。要坚持以人民为中心的工作导向，坚持把社会效益放在首位、社会效益和经济效益相统一，以激发全民族文化创造活力为中心环节，进一步深化文化体制改革。

二是实施文化产业数字化战略，加快发展新型文化企业、文化业

文化产业新业态快速发展

从文化及相关产业细分行业看，文化新业态特征较为明显的16个行业小类

2020年前三季度实现营业收入

21229亿元

▲比2019年同期增长21.9%

占规模以上文化及相关产业企业营业收入的比重

32.1%

▲比2019年同期提高7.5个百分点

其中，互联网其他信息服务、可穿戴智能文化设备制造等6个行业小类的营业收入增速超过20%

数据来源：国家统计局网站

权威评论

黄坤明（中共中央政治局委员、中央书记处书记、中央宣传部部长）：要以讲好中国故事为着力点，介绍阐释中国理念、中国道路、中国主张，展现真实、立体、全面的中国，不断增进理解、扩大认同。特别是要讲好中国共产党治国理政的故事、中国人民奋斗圆梦的故事、中国共产党和中国人民血肉联系的故事、中国坚持和平发展合作共赢的故事，帮助国际社会加深对中国共产党为什么能、马克思主义为什么行、中国特色社会主义为什么好的认识。要创新推进国际传播，坚持“贴近中国实际、贴近国际关切、贴近国外受众”，多运用对方听得懂、易接受的话语体系和表述方式，搭建起中国人民同各国人民有效互动交流的桥梁，让世界更好读懂中国。

态、文化消费模式；规范发展文化产业园区，推动区域文化产业带建设。例如，新冠肺炎疫情的暴发给文化领域带来了巨大的冲击，但也带来了转型升级的新契机。线上文化领域涌现出许多新型业态，线上文化产业、线上公共文化服务等打开新空间，迎来新机遇，迈上新台阶。

三是推动文化和旅游融合发展，建设一批富有文化底蕴的世界级旅游景区和度假区，打造一批文化特色鲜明的国家级旅游休闲城市和街区，发展红色旅游和乡村旅游。人文资源是旅游业发展的基础，旅游业讲特色、创精品，一个重要的方面就是要十分注意对文化内涵的发掘。文化资源本身就是最重要的旅游资源。即使是一些自然资源，也富含人文要素，具有文化烙印。人文色彩越浓厚的旅游资源越有魅力。

权威评论

王晓晖（中央宣传部分管日常工作的副部长）：五中全会对文化建设高度重视，从战略和全局上作了规划和设计。其中，最重要的就是明确提出到2035年建成文化强国。这是党的十七届六中全会提出建设社会主义文化强国以来，党中央首次明确建成文化强国的具体时间表。《建议》还专门用一个部分对文化建设进行了部署，提出今后五年文化建设的基本思路，部署了三个方面的重点任务：一是提高社会文明程度，二是提升公共文化服务水平，三是健全现代文化产业体系。我们相信，随着我国现代化进程不断向前推进，社会主义文化强国建设必将迈出更加坚实的步伐，国家文化软实力、中华文化影响力必将得到进一步提升。

四是以讲好中国故事为着力点，创新推进国际传播，加强对外文化交流和多层次文明对话。讲好中国故事是树立当代中国良好形象、提升国家文化软实力的重要战略任务。近年来，中国特色社会主义实践取得了举世瞩目的伟大成就，国际社会对中国和平崛起产生愈加浓厚的兴趣，渴望破解中国成功的秘诀。讲好中国故事，传播好中国声音，有助于向世界展现一个真实的中国、立体的中国、全面的中国。要下大气力加强国际传播能力建设，完善国际传播工作格局，加快提升中国话语的国际影响力，让全世界都能听到并听清中国声音。

第十讲

促进人与自然和谐共生

一 加快推动绿色低碳发展

二 持续改善环境质量

三 提升生态系统质量和稳定性

四 全面提高资源利用效率

人与自然是生命共同体。生态环境没有替代品，用之不觉，失之难存。生态文明建设是关系中华民族永续发展的根本大计，也是关系民生的重大社会问题。党的十八大以来，我们党围绕生态文明建设提出一系列新理念新思想新战略，开展一系列根本性、开创性、长远性工作，生态文明理念日益深入人心，污染治理力度之大、制度出台频度之密、监管执法尺度之严、环境质量改善速度之快前所未有，推动生态环境保护发生了历史性、转折性、全局性变化。

《建议》提出，要推动绿色发展，促进人与自然和谐共生。《建议》强调，坚持绿水青山就是金山银山理念，坚持尊重自然、顺应自然、保护自然，坚持节约优先、保护优先、自然恢复为主，守住自然生态安全边界；深入实施可持续发展战略，完善生态文明领域统筹协调机制，构建生态文明体系，促进经济社会发展全面绿色转型，建设人与自然和谐共生的现代化。这是深刻把握我国生态文明建设新的形势、着眼美丽中国建设目标作出的重大战略部署和制度安排。

一、加快推动绿色低碳发展

绿色是生命的象征、大自然的底色。生态环境问题，归根结底是发展方式和生活方式问题。纵观人类文明发展史，工业化进程创造了前所未有的物质财富，也造成了难以弥补的生态创伤。要从根本上解决生态环境问题，必须贯彻绿色发展理念，加快形成节约资源和保护环境的空间格局、产业结构、生产方式、生活方式。

走绿色低碳发展道路，是在资源环境约束下推动中国经济社会可持续发展的内在要求，也是顺应全球绿色低碳发展新常态的必然选择，更彰显了中国负责任大国形象。近年来，我国大力推进节能、提高能效和发展清洁能源等工作，采取强有力措施积极应对全球气候变化挑战，推动绿色低碳发展。2016—2019 年，全国单位 GDP 能耗累计降低 13.2%，累计节能约 6.5 亿吨标准煤，相当于减少二氧化碳排放约 14 亿吨。2019 年，全国非化石能源占一次能源消费比重 15.3%，提前完成了 2020 年规划目标。

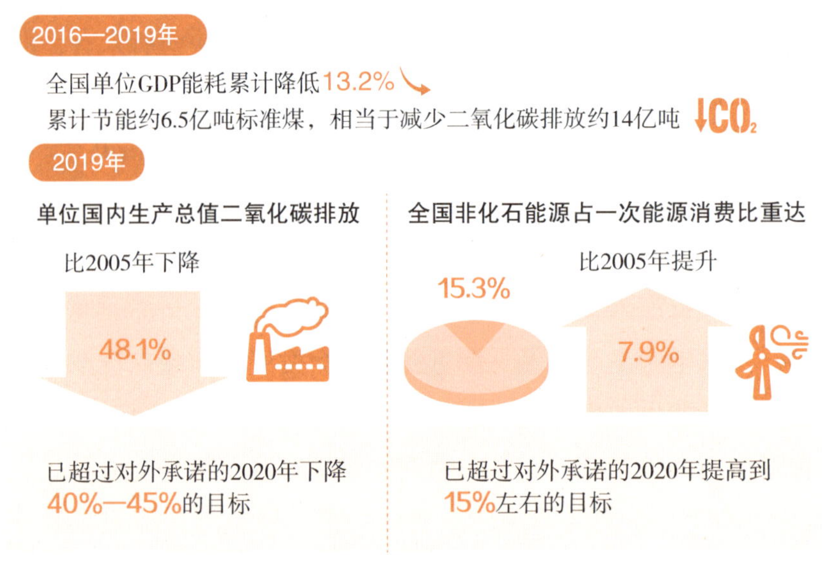

数据来源：人民网、《人民日报》

推动绿色低碳发展，是发展观的一场深刻革命，其重要性、紧迫性、艰巨性不言而喻。《建议》提出要加快推动绿色低碳发展，这就要求把推动形成绿色发展方式和生活方式摆在更加突出的位置，坚决摒弃损害甚至破坏生态环境的发展模式，坚决摒弃以牺牲生态环境换取一时一地经济增长的做法，让良好生态环境成为人民生活的增长点，成为经济社会持续健康发展的支撑点，成为展现我国良好形象的发力点，让中华大地天更蓝、山更绿、水更清、环境更优美。

一是加快构建科学适度有序的国土空间布局体系。《建议》提出，要强化国土空间规划和用途管控，落实生态保护、基本农田、城镇开发等空间管控边界，减少人类活动对自然空间的占用。具体来说，就是生态保护红线要保证生态功能的系统性和完整性，坚持应保尽保、应划尽划，确保生态功能不降低、面积不减少、性质不改变；永久基本农田要保证适度合理的规模和稳定性，确保数量不减少、质量不降低；城镇开发边界要避让重要生态功能，不占或少占永久基本农田。面对三条控制线可能出现矛盾冲突的问题，必须注重保护优先。对突破三条红线、仍然沿用粗放增长模式、吃祖宗饭砸子孙碗的事，绝对不能再干，绝对不允许再干。

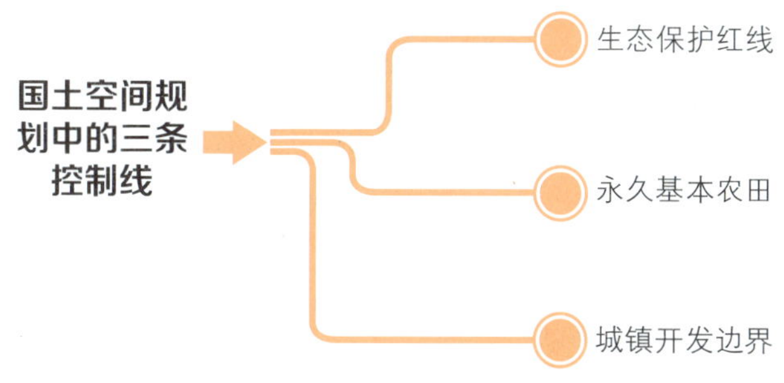

二是加快形成绿色、循环、低碳发展的产业结构。《建议》提出，要强化绿色发展的法律和政策保障，发展绿色金融，支持绿色技术创新，推进清洁生产，发展环保产业，推进重点行业和重要领域绿色化改造；推动能源清洁低碳安全高效利用；发展绿色建筑。要从根本上缓解经济发展与资源环境之间的矛盾，必须构建科技含量高、资源消耗低、环境污染少的产业结构。加快推动生产方式的绿色化，可以大幅提高经济绿色化程度，有效降低发展的资源环境代价。

三是加快形成绿色生活方式。生态文明建设关系各行各业、千家万户，每个人都是生态环境的保护者、建设者、受益者。必须充分发挥人民群众的积极性、主动性、创造性，把建设美丽中国化为全体人民自觉行动。《建议》提出要开展绿色生活创建活动。这就要求在全社会牢固树立生态文明观念，增强全民节约意识、环保意识、生态意识，开展全民绿色行动，倡导简约适度、绿色低碳的生活方

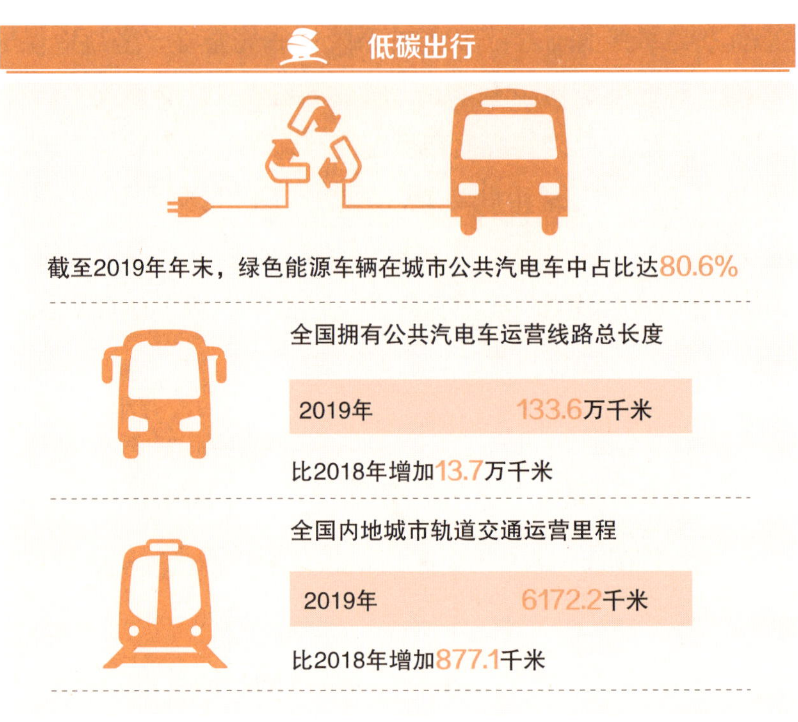

数据来源：交通运输部网站、《2019年交通运输行业发展统计公报》

式，反对奢侈浪费和不合理消费，形成文明健康的生活风尚。通过生活方式绿色革命，倒逼生产方式绿色转型。

四是降低碳排放强度。《建议》提出，要降低碳排放强度，支持

权威声音

习近平（中共中央总书记、国家主席、中央军委主席）：我们要倡导简约适度、绿色低碳的生活方式，拒绝奢华和浪费，形成文明健康的生活风尚……倡导环保意识、生态意识，构建全社会共同参与的环境治理体系……倡导尊重自然、爱护自然的绿色价值观念，让天蓝地绿水清深入人心，形成深刻的人文情怀。

有条件的地方率先达到碳排放峰值，制定2030年前碳排放达峰行动方案。我国是世界上第一个大规模开展细颗粒物（$PM_{2.5}$）治理的发展中大国，2015年向联合国提交了《强化应对气候变化行动——中国国家自主贡献》，并确定了二氧化碳排放2030年左右达到峰值的目标，率先发布《中国落实2030年可持续发展议程国别方案》，2016年向联合国交存《巴黎协定》批准文书。《建议》再次强调降低碳排放强度，展现了我国作为负责任大国积极履行对国际社会作出的承诺的鲜明态度。

二、持续改善环境质量

环境就是民生，青山就是美丽，蓝天就是幸福。良好的生态环境是最公平的公共产品，是最普惠的民生福祉。现在，广大人民群众热切期盼加快提高生态环境质量。我们要积极回应人民群众所想所盼所急，满足人民群众日益增长的优美生态环境需要，重点解决损害群众健康的突出环境问题，持续提高生态环境质量，让人民群众进一步享受到蓝天白云、繁星闪烁，清水绿岸、鱼翔浅底，鸟语花香、田园风光。

近年来，我国生态环境质量持续好转，出现了稳中向好的趋势。以2020年上半年为例，在空气质量方面，全国337个地级及以上城市平均优良天数比例为85.0%，同比上升4.9个百分点；细颗粒物（$PM_{2.5}$）浓度为36微克/立方米，同比下降10.0%；可吸入颗粒物（PM_{10}）浓度为59微克/立方米，同比下降14.5%；臭氧（O_3）浓度为141微克/立方米，同此下降1.4%；二氧化硫（SO_2）浓度为10微克/立方米，同比下降16.7%。在地表水方面，1940个国家地表水考核断面中，水质优良（Ⅰ—Ⅲ类）断面比例为80.1%，同比上升5.6

个百分点；劣Ⅴ类断面比例为1.1%，同比下降3.2个百分点。长江、黄河等主要江河Ⅰ—Ⅲ类水质断面比例为83.8%，同比上升5.9个百分点；劣Ⅴ类断面比例为0.7%，同比下降3.8个百分点。

但是，我国生态环境改善成效并不稳固，稍有松懈就有可能出现反复。当前，我国生态文明建设正处于压力叠加、负重前行的关键期，已进入提供更多优质生态产品以满足人民日益增长的优美生态环境需要的攻坚期，也到了有条件有能力解决生态环境突出问题的窗口期。《建议》坚持目标导向和问题导向相结合，提出了持续改善环境质量的重点任务和主要举措。

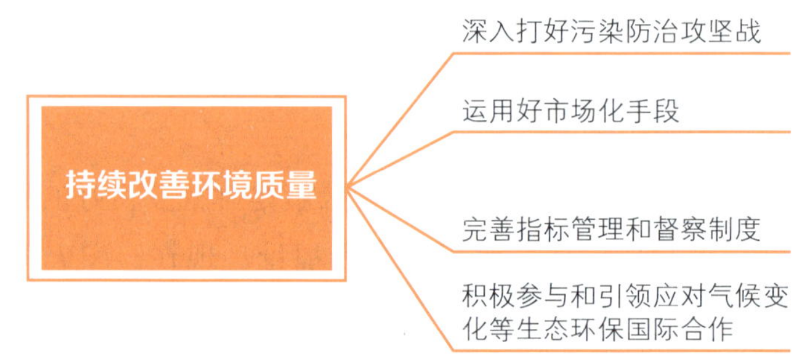

一是深入打好污染防治攻坚战。打好污染防治攻坚战时间紧、任务重、难度大，是一场大仗、硬仗、苦仗。《建议》提出，要增强全社会生态环保意识，深入打好污染防治攻坚战；继续开展污染防治行动，建立地上地下、陆海统筹的生态环境治理制度。为此，要坚决打赢蓝天、碧水、净土三大保卫战。强化多污染物协同控制和区域协同治理，加强细颗粒物和臭氧协同控制，基本消除重污染天气；治理城乡生活环境，推进城镇污水管网全覆盖，基本消除城市黑臭水体；推进化肥农药减量化和土壤污染治理，加强白色污染治理；加强危险废物、医疗废物收集处理；完成重点地区危险化学品生产企业搬迁改造；重视新污染物治理。

二是运用好市场化手段。《建议》提出，要全面实行排污许可制，

蓝天碧水净土保卫战2020年指标

细颗粒物（$PM_{2.5}$）未达标地级及以上城市浓度比2015年下降18%以上

地级及以上城市空气质量优良天数比率达到80%以上

二氧化硫、氮氧化物排放量比2015年减少15%以上

化学需氧量、氨氮排放量减少10%以上

全国地表水Ⅰ—Ⅲ类水体比例达到70%以上

劣Ⅴ类水体比例控制在5%以内

近岸海域水质优良（Ⅰ、Ⅱ类）比例达到70%左右

受污染耕地安全利用率达到90%左右

污染地块安全利用率达到90%以上

生态保护红线面积占比达到25%左右

森林覆盖率达到23.04%以上

数据来源：《中共中央 国务院关于全面加强生态环境保护坚决打好污染防治攻坚战的意见》

推进排污权、用能权、用水权、碳排放权市场化交易。其中，排污许可制是落实企事业单位治污主体责任、推动生态环境质量改善的有力举措，有利于整合衔接固定污染源环境管理相关制度、减轻企事业单

深阅读

排污权、用能权、用水权、碳排放权市场化交易，是用市场化机制激励节能减排减碳的一项基础性制度。要深入推进资源要素市场化改革，进一步完善各类产权交易机制，通过市场化的产权交易优化资源配置，激发地区、企业保护环境的内生动力。

加快形成碳交易市场

试点省市碳市场共覆盖钢铁、电力、水泥等20多个行业

接近3000家企业

累计成交量超过4亿吨

累计成交额超过90亿元

↓ CO_2

数据来源：《光明日报》

位负担，给企业明确稳定的污染排放管控要求和预期，推动形成公平规范的环境执法守法秩序。全面实施排污许可制，要强化企业持证排污和按证排污，强化固定污染源全过程管理、多污染物协同控制。

三是完善指标管理和督察制度。《建议》提出，要完善环境保护、节能减排约束性指标管理；完善中央生态环境保护督察制度。中央生态环境保护督察是习近平总书记亲自倡导、亲自推动的一项重大改革举措，是加强生态环境保护、推进生态文明建设的一项重大制度安排，推动解决了一大批长期想解决而没有解决的生态环境“老大难”问题。通过第一轮督察，解决了老百姓身边的问题约 15 万个，并且通过督察报告、专项督察等方式，推动各地解决了 2100 多个比较大的生态环境问题。下一步，要坚持以解决突出的生态环境问题、改善生态环境质量、推动经济高质量发展为重点，完善中央和省级环境保护督察体系，不断健全工作程序、工作机制和工作方法，推动生态环境保护督察向纵深发展。

四是积极参与和引领应对气候变化等生态环保国际合作。我国要成为全球生态文明建设的重要参与者、贡献者、引领者，增强我国在全球环境治理体系中的话语权和影响力。要深度参与全球环境治理，引导应对气候变化国际合作，加快构筑尊崇自然、绿色发展的生态体系，共建清洁美丽的世界。

三、提升生态系统质量和稳定性

生态是统一的自然系统，是相互依存、紧密联系的有机链条。山水林田湖草是一个生命共同体。人的命脉在田，田的命脉在水，水的命脉在山，山的命脉在土，土的命脉在林和草。如果种树的只管种树、治水的只管治水、护田的单纯护田，就会顾此失彼，最终造成生态的系统性破坏。正如人体各个器官紧密联系一样，治山、治水、治林、治田、治湖、治草任何一个环节的动作，都会经内部传导机制影响到其他环节乃至影响整个生态系统。

我国生态状况不容乐观。我国人多地少水缺，河流、湖泊、森林、草原、湿地等资源分布不均，加之历史上长期过度开发索取，生态系统总体比较脆弱，中度以上生态脆弱区域占全国陆地国土空间面积的55%，其中极度脆弱区域占9.7%，重度脆弱区域占19.8%。这些问题已成为我国经济高质量发展和满足人民美好生活需要的突出制约因素，必须下大力气加以解决。

统筹山水林田湖草系统治理，一定要算大账、算长远账、算整体账、算综合账，不能因小失大、顾此失彼。要按照生态系统的整体性、系统性及其内在规律，统筹考虑自然生态各要素、山上山下、地上地下、陆地海洋以及流域上下游，进行整体保护、系统修复、综合治理，增强生态系统循环能力，维护生态平衡。《建议》提出，要提升生态系统质量和稳定性，坚持山水林田湖草系统治理，并且部署了一系列重大任务。

一是构建自然保护地体系等。《建议》提出，要坚持山水林田湖草系统治理，构建以国家公园为主体的自然保护地体系；实施生物多样性保护重大工程；加强外来物种管控。建立自然保护地，目的是

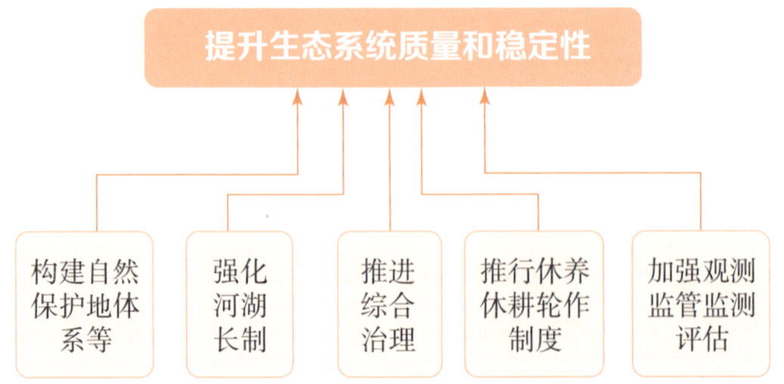

守护自然生态，保育自然资源，保护生物多样性和地质地貌景观多样性，维护自然生态系统健康稳定，为人民提供优质生态产品。自然保护地包括国家公园、自然保护区和自然公园，它们是生态建设的核心载体、中华民族的宝贵财富、美丽中国的重要象征，在维护国家生态安全中居于首要地位。要健全管理体制，完善自然保护地设立、晋（降）级、调整和退出规则，实施分级管理和差别化管控，强化监测、评估、监督、考核，压实管理责任。

二是强化河湖长制。《建议》提出，要强化河湖长制，加强大江大河和重要湖泊湿地生态保护治理，实施好长江十年禁渔。全面推行河长制、湖长制，是解决我国复杂水问题的重大制度创新，是保障国家水安全的重要举措，是具有中国特色的环境保护举措。目前，全国123万多名河长上岗，在1.4万个湖泊设立2.4万名四级湖长、3.3万名村级湖长，“河畅、水清、岸绿、景美”的健康河湖正变成现实。

三是推进综合治理。《建议》提出，要科学推进荒漠化、石漠化、水土流失综合治理，开展大规模国土绿化行动，推行林长制。从塞罕坝到毛乌素，平原造深林、沙漠起绿地的奇迹在中国不断上演。2012年至今，全国累计治理沙化土地面积超过1400万公顷，说明生态退化的进程是可逆的，只要人不负大自然，大自然定不负人。推行林长制，就是按照“分级负责”原则，构建省市县乡村五级林长制体系，各级林长负责督促指导本责任区内森林资源保护发展工作，协调解决

深阅读

2021 年元旦前，长江流域将实现全面禁捕，开启长江“十年禁渔”。长江流域禁捕是贯彻落实习近平总书记“共抓大保护、不搞大开发”重要指示精神、保护长江和加强生态文明建设的重要举措，是为全局计、为子孙谋，功在当代、利在千秋的重要决策。

实施好长江“十年禁渔”，一要抓好精准退捕，开展全面彻底清查，完成退捕鱼船渔民建档立卡工作，逐船逐人登记造册，做好退捕船网处置，按时实现“清船”“清网”“清江”“清湖”。二要抓好转产安置，有针对性地制定转产转业安置方案，开展职业技能培训，拓宽转业就业渠道，做好社会保障、搬迁安置等工作，保障退捕渔民生计。三要抓好执法监督，重拳出击整治非法捕捞，严厉打击收购加工、销售、利用非法渔获物等行为，加强禁捕水域周边区域管理，从源头和终端斩断地下产业链。

森林资源保护发展重大问题，依法查处各类破坏森林资源的违法犯罪行为。这一举措加强了森林资源责任落实，可有效保护森林生态。

四是推行休养休耕轮作制度。《建议》提出，要推行草原森林河流湖泊休养生息，加强黑土地保护，健全耕地休耕轮作制度。推行草原森林河流湖泊休养生息，要坚持用养结合，合理降低开发利用强度，保护并有效恢复自然生态承载能力，全面提升自然生态服务功能，实现资源永续利用。曾经一段时间，为增产量保供给保吃饭，我国耕地“连轴转”、四海无闲田，耕地超强度开发，农田生态亮起红灯。例如，东北是世界三大黑土区之一，是“黄金玉米带”“大豆之乡”，黑土高产丰产，但也面临着土地肥力透支的问题。要采取有效措施切实把黑土地这一“耕地中的大熊猫”保护好、利用好，使之永远造福人民。健全耕地休耕轮作制度，就是要让“负重”的耕地歇一歇，改变资源超强度利用的现状，扭转农业生态系统恶化的势头，实现耕地可持续利用。

五是加强观测监管监测评估。《建议》提出，要加强全球气候变暖对我国承受力脆弱地区影响的观测，完善自然保护地、生态保护红线监管制度，开展生态系统保护成效监测评估。全球气候变暖对生态系统具有显著影响，可能引发冰川消融、水土流失、物种迁徙、生态退化等一系列问题，对我国承受力脆弱地区的生态环境产生了较大影响。要提高观测水平，建设全方位的国家气候观测体系，提升青藏高原等生态脆弱区、气候敏感区、监测资料稀疏区的观测覆盖能力。地方各级党委和政府要担负起相关自然保护地和生态保护红线管理主体责任，将自然保护地、生态保护红线作为综合决策的重要依据和前提条件，建立全链条、全覆盖、全要素的监管体系，确保自然保护地、生态保护红线生态功能不降低、面积不减少、性质不改变。开展生态

我国生态环境保护政策体系

实施主体功能区战略和制度	建立“三区三线”管控体系	划定并严守生态保护红线	建立生物多样性保护与扶贫协同发展模式	建立和完善中国特色生态补偿机制
将国土空间按开发方式分为优化开发区、重点开发区、限制开发区和禁止开发区四大类型	将国土空间划定为城镇、农业和生态三大空间，划定城镇开发边界、永久基本农田和生态保护红线	生态功能极重要和极脆弱区域划入生态保护红线，并对各类主体功能区分别制定相应的环境标准和政策	通过生计替代及生态旅游等方式减少对当地资源的依赖，保护生物多样性，形成多种生物多样性保护与减贫协同推进模式	建立重点生态功能区生态补偿，草原、森林、湿地等领域生态补偿，实施公益林生态补偿等中国特色生态补偿机制

系统保护成效监测评估是及时掌握生态系统信息、客观评价生态系统质量的重要基础，要完善监测评估标准体系，设置科学合理的监测评估标准，提升监测评估能力水平。

四、全面提高资源利用效率

对资源的过度开发、粗放型使用是对生态环境造成破坏的主要原因。当人类合理利用、友好保护自然时，自然的回报常常是慷慨的；当人类无序开发、粗暴掠夺自然时，自然的惩罚必然是无情的。人类对大自然的伤害最终会伤及人类自身。

我国资源总量丰富，但人均资源占有量远低于世界平均水平。2017 年，我国耕地保有量居世界第三位，但人均耕地面积不足 1.5 亩，不足世界平均水平的一半；2019 年，我国人均水资源量 2048 立方米，为世界平均水平的四分之一，且时空分布极不平衡；油气、铁、铜等大宗矿产人均储量低于世界平均水平，对外依存度高；森林面积 33 亿公顷，居世界第五位，但人均森林面积仅为世界平均水平的五分之一，近一半木材依赖进口。同时，传统的“大量生产、大量消耗、大量排放”的生产模式和消费模式还一时难以彻底改变，资源过度开发导致生态系统退化的形势依然严峻。

为此，《建议》提出了“十四五”时期全面提高资源利用效率的重点任务，旨在通过节约集约利用水、土地、矿产等资源，大幅降低资源消耗强度，大幅提升资源使用效率。

一是完善制度机制，做好调查确权。《建议》提出，健全自然资源资产产权制度和法律法规，加强自然资源调查评价监测和确权登记，建立生态产品价值实现机制，完善市场化、多元化生态补偿，推进资源总量管理、科学配置、全面节约、循环利用。我国的山水湖田

林草等自然资源分属不同部门管理，各类自然资源产权相互独立，没有形成有机整体。因此，需要通过加强自然资源调查评价监测和确权登记摸清家底。近年来，生态保护补偿机制建设取得了阶段性进展，但生态保护补偿的范围仍然偏窄、标准偏低，保护者和受益者良性互动的体制机制尚不完善。所以，要进一步完善生态保护补偿机制，提高生态保护补偿标准。

二是开展节水行动。《建议》提出，实施国家节水行动，建立水资源刚性约束制度。2019 年 4 月，《国家节水行动方案》印发并实施，

权威评论

陆昊（自然资源部部长、党组书记，国家自然资源总督察）：健全自然资源资产产权制度和法律法规，一要开展全民所有自然资源所有权委托代理试点，加快建立健全全民所有自然资源资产管理体制；二要总结国家公园体制试点经验，对委托省级政府管理的国家公园，探索以地方为主、中央监管的总体路径；三要加快建立自然资源权利体系，推动国有森林、草原、农用地有偿使用改革取得进展；四要推进国土空间规划、自然保护地、土地、矿产、草原、野生动植物保护等方面法律法规的立改废释。

目的是大力推动全社会节水，全面提升水资源利用效率，形成节水型生产生活方式，保障国家水安全，促进高质量发展。要严格用水总量控制，加强水资源优化配置和统一调度，统筹生活、生产、生态用水，发挥水资源价格调节功能。

三是提高资源开发保护水平。《建议》提出，提高海洋资源、矿产资源开发保护水平。我国濒临渤海、黄海、东海和南海，海岸线漫长，港湾众多，海域辽阔，广袤的海洋蕴藏着极其丰富的海洋资源。要科学合理有序开发海洋资源，编制实施海岸带保护和开发规划，实施“蓝色海湾”工程。建立健全矿业节约集约技术规范标准体系，全面推行“净矿”出让，完善油气区块退出机制，实施新一轮找矿突破战略行动，加大对油气等战略性矿产资源的勘查力度。

《国家节水行动方案》确定的重点行动和主要目标

2019年4月印发的《国家节水行动方案》是我国首次发布的节水领域纲领性文件，是节水工作部署的主要依据，将在今后一段时期指导全国节水工作的开展

六大重点行动

一、总量强度双控 

二、农业节水增效 

三、工业节水减排 

四、城镇节水降损 

五、重点地区节水开源 

六、科技创新引领 

主要目标

到 2020 年

节水政策法规、市场机制、标准体系趋于完善，万元国内生产总值用水量、万元工业增加值用水量较 2015 年分别降低 23% 和 20%，节水效果初步显现

到 2022 年

用水总量控制在“十三五”时期末的6700亿立方米以内，节水型生产和生活方式初步建立

到 2035 年

全国用水总量严格控制在7000亿立方米以内，水资源循环利用达到世界先进水平

四是完善资源价格形成机制。健全主要由市场决定价格的机制，最大限度减少政府对价格形成的不当干预，加快建立健全充分反映市场供求和资源稀缺程度、体现生态价值和环境损害成本的资源价格机制。

五是建立循环利用体系。《建议》提出，推行垃圾分类和减量化、资源化；加快构建废旧物资循环利用体系。2019 年 6 月，住房和城乡建设部等部门印发《关于在全国地级及以上城市全面开展生活垃圾分类工作的通知》，决定自 2019 年起在全国地级及以上城市全面启动生活垃圾分类工作，要求 46 个重点城市到 2020 年基本建成生活垃圾分类处理系统，全国地级及以上城市到 2025 年年底基本建成生活垃圾分类处理系统。下一步，要推动餐厨废弃物、建筑垃圾、包装废弃物、农作物秸秆、电子垃圾等资源化利用和无害化处置，加强生活垃圾分类回收与再生资源回收体系的有机衔接，推进生产和生活系统循环链接，因地制宜推动工业生产过程协同处理生活废弃物。

第十一讲

实行高水平对外开放

中国的发展离不开世界，世界的繁荣也需要中国。开放的国内国际双循环新发展格局形成后，我们要用好国际国内两个市场、两种资源，更好地促进中国经济与世界经济共同发展，实现合作共赢。这也决定了中国开放的大门不会关闭，只会越开越大。《建议》提出实行高水平对外开放，开拓合作共赢新局面；强调坚持实施更大范围、更宽领域、更深层次对外开放，依托我国大市场优势，促进国际合作，实现互利共赢。《建议》提出了互利共赢新举措，描绘了开放合作新蓝图，为新形势下对外开放指明了方向和路径。

一、建设更高水平开放型经济新体制

2020 年 11 月 4 日，第三届中国国际进口博览会在上海开幕。本届进博会是在特殊时期举办的。突如其来的新冠肺炎疫情给各国带来严重冲击，也给世界经济带来重创。中国在确保防疫安全前提下如期举办这一全球贸易盛会，体现了中国同世界分享市场机遇、推动世界经济复苏的真诚愿望。

开放带来进步，封闭必然落后，这是历史带给我们的深刻启示。可以说，一部中国同世界的关系史也是一部中华民族的荣辱史。鸦片战争之前，中国隔绝于世界市场和工业化大潮，在列强发动的数次侵略战争中屡战屡败，成为积贫积弱的国家。新中国成立后，我们在向苏联“一边倒”和相对封闭的环境中艰辛探索社会主义建设之路。“文化大革命”期间，我们基本同世界隔绝往来。改革开放以来，我们充分利用经济全球化带来的机遇，不断扩大对外开放，实现了我国同世界关系的历史性变革。

尽管当前经济全球化遭遇了逆流，贸易保护主义抬头，但是无论什么时候、什么情况下，我们都必须坚持对外开放，因为开放是人类

权威声音

习近平（中共中央总书记、国家主席、中央军委主席）：要优化升级生产、分配、流通、消费体系，深化对内经济联系、增加经济纵深，增强畅通国内大循环和联通国内国际双循环的功能，加快推进规则标准等制度型开放，率先建设更高水平开放型经济新体制。

社会发展的必然趋势，是不可阻挡的历史潮流。早在19世纪，马克思、恩格斯就详细论述了世界贸易、世界市场、世界历史等问题。今天的世界，每一秒钟都是马克思所说的“世界时间”，开放是各个国家的必然选择。

一个国家能不能富强，一个民族能不能振兴，最重要的就是看这个国家、这个民族能不能顺应时代潮流，掌握历史前进的主动权。《建议》提出，要全面提高对外开放水平，推动贸易和投资自由化便利化，推进贸易创新发展，增强对外贸易综合竞争力。只有这样，我们才能顺应经济全球化这一历史潮流，才能掌握中国走向富强的主动权。

一是推动投资便利化。《建议》提出，完善外商投资准入前国民待遇加负面清单管理制度，有序扩大服务业对外开放，依法保护外资企业合法权益，健全促进和保障境外投资的法律、政策和服务体系，坚定维护中国企业海外合法权益，实现高质量引进来和高水平走出去。2020年6月23日，国家发展改革委、商务部发布了《外商投资准入特别管理措施（负面清单）（2020年版）》，其中，全国外商投资准入负面清单由40条减到33条。这是实施更大范围、更宽领域、更深层次全面开放的重要举措，必将极大地推动投资便利化。“十四五”期间，要在总结经验的基础上，继续完善这些举措，着力解决当前外商投资存在的一系列结构性、周期性、体制性问题，让中国市场成为世界的市场、共享的市场、大家的市场，为国际社会注入更多发展活力。

二是推动贸易自由化。《建议》提出，完善自由贸易试验区布局，赋予其更大改革自主权，稳步推进海南自由贸易港建设，建设对外开放新高地；稳慎推进人民币国际化，坚持市场驱动和企业自主选择，营造以人民币自由使用为基础的新型互利合作关系；发挥好中国国际进口博览会等重要展会平台作用。截至 2020 年 9 月，我国已设立 21 个自由贸易试验区，出台了《海南自由贸易港建设总体方案》。中国国际进口博览会的成功举办已成为新时代对外开放的里程碑，有力推动了高水平对外开放。未来需要更好发挥自贸试验区示范引领作用，

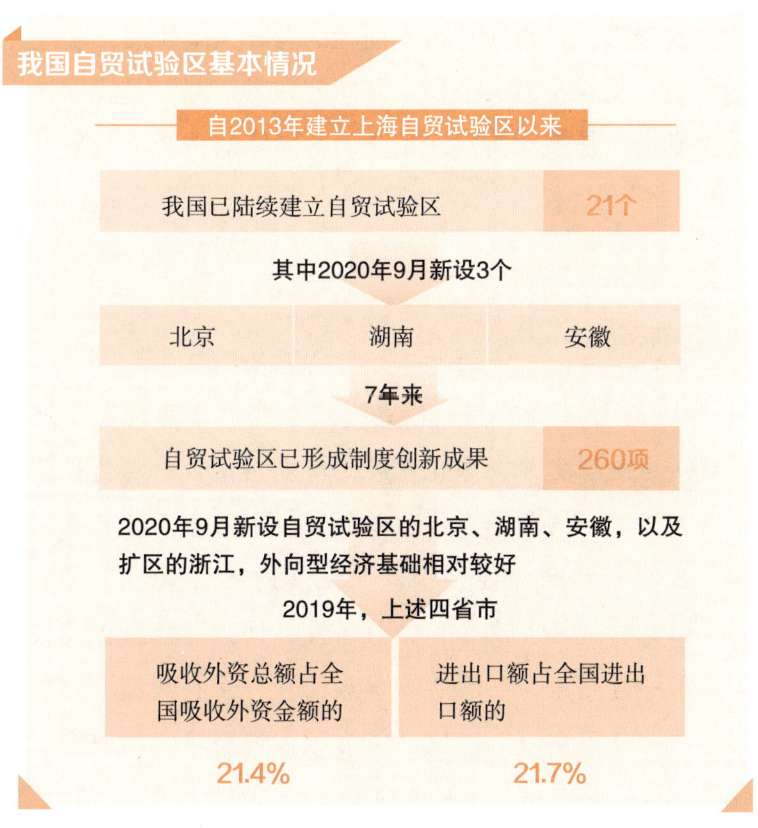

数据来源：《经济日报》

进一步完善区域布局，赋予其更大改革自主权，加强差别化探索，形成更多制度创新成果。

二、推动共建“一带一路”高质量发展

2013 年秋，习近平总书记提出了共建丝绸之路经济带和 21 世纪海上丝绸之路的重大倡议。习近平总书记形象地指出，“一带一路”就像一对腾飞的翅膀，正飞向和平、发展、合作、共赢的远方。共建“一带一路”，顺应经济全球化的历史潮流，顺应全球治理体系变革的时代要求，顺应各国人民过上更好日子的强烈愿望，旨在聚焦互联互通，深化务实合作，携手应对人类面临的各种风险挑战，实现互利共赢、共同发展。从这个意义上说，共建“一带一路”是我国扩大对外开放的重大举措，是推动构建人类命运共同体的重要实践平台。

“一带一路”倡议提出七年来，由点到面、由理念到行动、由愿

深阅读

“一带一路”倡议以其与西式全球化截然不同的发展理念和实践逻辑，为破解当前全球化发展困境提供了具有可行性的中国方案；以其所倡导的和平合作、开放包容、互学互鉴、互利共赢新理念，成为推动新型经济全球化发展的新引擎。“一带一路”倡导不同国家和地区互惠合作，同谋发展；强调把我国发展同沿线国家发展结合起来，实现各国优势互补、互利共赢，不断朝着人类命运共同体方向迈进。它必将为驱散逆全球化的阴霾、推动新型经济全球化的发展作出中国贡献。

景到现实，已由谋篇布局的“大写意”迈向精谨细腻的“工笔画”，越来越多的国家和国际组织积极响应，“朋友圈”越来越大，成就有目共睹。从亚欧大陆到非洲、美洲、大洋洲，共建“一带一路”为世界经济增长开辟了新空间，为国际贸易和投资搭建了新平台，为完善全球经济治理拓展了新实践，为增进各国民生福祉作出了新贡献，成为共同的机遇之路、繁荣之路。事实证明，共建“一带一路”不仅为世界各国发展提供了新机遇，也为中国开放发展开辟了新天地。

《建议》提出推动共建“一带一路”高质量发展，强调坚持共商共建共享原则，秉持绿色、开放、廉洁理念，深化务实合作，加强安全保障，促进共同发展。面向未来，我国将乘势而上、顺势而为，抓住关键性重大项目，以点带线、以线带面，努力实现政策沟通、设施联通、贸易畅通、资金融通、民心相通，推动“一带一路”建设进一步走深走实、落地生根，取得更大实质性进展。

一是加强基础设施互联互通等。《建议》提出，推进基础设施互联互通，拓展第三方市场合作；构筑互利共赢的产业链供应链合作体系，深化国际产能合作，扩大双向贸易和投资。基础设施是互联互通的基石，也是许多国家发展面临的瓶颈。建设高质量、可持续、抗风险、价格合理、包容可及的基础设施，有利于各国充分发挥资源禀赋，更好地融入全球供应链、产业链、价值链，实现联动发展。“十四五”时期，我们将着力推进基础设施互联互通，推动陆上、海上、天上、网上四位一体的联通，聚焦关键通道、关键城市、关键项目，联结陆上公路、铁路道路网络和海上港口网络，加快建设中欧班列、陆海新通道等国际物流和贸易大通道，帮助更多国家提升互联互通水平。

二是健全多元化投融资体系。《建议》提出，坚持以企业为主体，以市场为导向，遵循国际惯例和债务可持续原则，健全多元化投融资体系；推进战略、规划、机制对接，加强政策、规则、标准联通。

“一带一路”基础设施联通取得实质进展

以铁路、公路、航运、航空、管道、空间综合信息网络等为核心的全方位、多层次、复合型基础设施网络正在加快形成

聚焦“六廊六路多国多港”主骨架，推动一批标志性项目取得实质性进展

中巴经济走廊建设进展顺利，中老、中泰、匈塞铁路建设顺利推进，亚湾高铁部分路段已经开工建设，泛亚铁路的东线、巴基斯坦一号铁路干线升级改造、中吉乌铁路等项目正积极推进前期研究，中国尼泊尔跨境铁路已完成可行性研究……

世界银行 2019 年 4 月发布的《公共交通基础设施——量化模型与“一带一路”倡议评估》表明

- “一带一路”交通基础设施项目为沿线经济体带来了 3.35% 的 GDP 增长
- 对非“一带一路”合作国家也将带来 2.6 亿元的 GDP 增长
- 为全球带来 2.87% 的增长

数据来源：国家发展改革委网站

“一带一路”建设不是另起炉灶、推倒重来，而是实现战略对接、优势互补。我国同有关国家协调政策，和包括俄罗斯提出的欧亚经济联盟、东盟提出的互联互通总体规划、哈萨克斯坦提出的“光明之路”、土耳其提出的“中间走廊”、蒙古国提出的“发展之路”、越南提出的“两廊一圈”、英国提出的“英格兰北方经济中心”、波兰提出的“琥珀之路”等规划主动进行战略对接。中国同老挝、柬埔寨、缅甸、匈牙利等国的规划对接工作也全面展开。各方通过政策对接，实现了“1+1>2”的效果。“十四五”时期，我国要继续推动共建“一带一路”与各国发展战略、区域和国际发展议程有效对接，发掘合作新潜力。

三是深化合作，促进交流。《建议》提出，要深化公共卫生、数字经济、绿色发展、科技教育合作，促进人文交流。“国之交在于民相亲，民相亲在于心相通。”近年来，“一带一路”沿线国家在科学、教育、文化、卫生、民间交往等各领域广泛开展合作，为“一带一

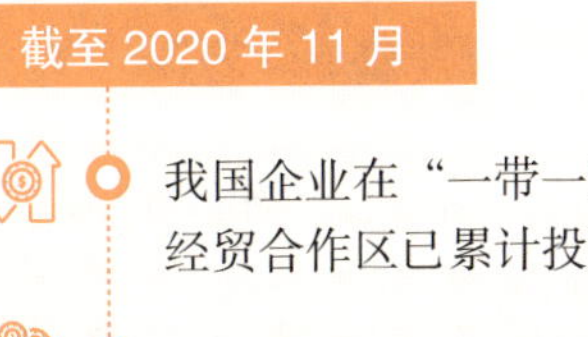

截至 2020 年 11 月

我国企业在“一带一路”沿线国家建设的境外经贸合作区已累计投资340亿美元

上缴东道国税费超过30亿美元

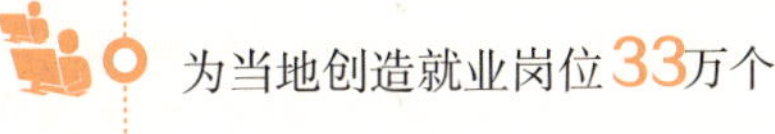

为当地创造就业岗位33万个

数据来源：《经济日报》

路”建设夯实民意基础，筑牢社会根基。各类丝绸之路文化年、旅游年、艺术节、影视桥、研讨会、智库对话等人文合作项目不断，人们往来频繁，在交流中拉近了心与心的距离。“十四五”时期，要继续积极架设不同文明互学互鉴的桥梁，深入开展教科文卫等各领域人文合作，加强官方和民间组织往来，形成多元互动的人文交流格局。

三、积极参与全球经济治理体系改革

近年来，全球经济版图中“东升西降”“南升北降”态势深入发展，发展中国家贡献了约 80% 的全球经济增量。然而在全球经济治理中，却未能形成对称的权利、相匹配的话语权和合理的报偿机制。全球经济治理不是独角戏，不能搞一言堂，而应以平等为基础，更好地反映世界经济格局新现实，增加新兴市场国家和发展中国家的代表性和发言权，确保各国在国际经济合作中权利平等、机会平等、规则平等。

全球经济治理体系要想公平有效，必须跟上时代。在全球经济治理体系变革的重要时期，我们不能置身事外，不能被边缘化，而要因

权威评论

杨洁篪（中共中央政治局委员、中央外事工作委员会办公室主任）：积极参与全球治理体系改革和建设，要维护以联合国为核心的国际体系，维护以《联合国宪章》宗旨和原则为核心的国际关系基本准则。倡导国际关系民主化，支持和扩大发展中国家在国际事务中的代表性和发言权。反对单边主义和保护主义，推动完善更加公正合理的国际经济治理体系。

势而谋、顺势而动，积极参与并努力引领国际经贸规则制定，主动提供国际公共产品，推动全球经济治理体系变革朝着于我有利的方向发展。这是中国作为负责任大国的应有责任，也是国际社会对中国的殷切期待。

《建议》提出要积极参与全球经济治理体系改革，并作出了一系列部署。

一是坚持平等协商、互利共赢，推动二十国集团等发挥国际经济合作功能。当前，霸权主义、单边主义和贸易保护主义甚嚣尘上。在这一形势下，二十国集团尤其要发出反对保护主义、支持多边贸易体制的明确信号，推动国际社会一道建设开放型世界经济。

二是维护多边贸易体制，积极参与世界贸易组织改革，推动完善更加公正合理的全球经济治理体系。一段时间以来，一些发达国家紧锣密鼓地推动世界贸易组织改革。他们撇开新兴市场国家和发展中国家搞世贸组织改革，意图很明确，那就是先拉“小圈子”建“新群”，设定“新群”的“权限”，再让广大新兴市场国家和发展中国家加入，导致其只能被动遵守新规则，买“二次入场券”。在新形势下，我国

中国对世贸组织改革提出四方面建议

积极参与世贸组织改革，有利于消除国际贸易规则中的不公平不合理因素，有利于全球经济治理体系朝着更加公正合理的方向发展。

三是积极参与多双边区域投资贸易合作机制，推动新兴领域经济治理规则制定，提高参与国际金融治理能力。当前，区域经济合作蓬勃发展，各种类型的自由贸易协定大量涌现，成为推动经济全球化的重要动力。开展形式多样的多双边区域投资贸易合作，是我国扩大对外开放的重要内容。我们要积极参与多双边区域投资贸易合作机制，加强和维护同主要经贸伙伴的经贸关系，积极深化同周边国家和发展中国家的经贸合作。

四是实施自由贸易区提升战略，构建面向全球的高标准自由贸易区网络。加快实施自由贸易区战略是我国新一轮对外开放的重要内容。当前，全球范围内自由贸易区的数量不断增加，自由贸易区谈判涵盖议题快速拓展，自由化水平显著提高。加快实施自由贸易区战略是我国适应经济全球化新趋势的客观要求，是全面深化改革、构建开放型经济新体制的必然选择。截至 2020 年 11 月，我国已经签署的自贸协定达 19 个，自贸伙伴达 26 个，有力促进了贸易投资自由化。下一步，要着力优化布局，提升自贸协定水平，用好自贸协定成果。

中国自贸区“朋友圈”再扩围

截至2020年11月

中国已经签署19个自贸协定

自贸伙伴26个

《区域全面经济伙伴关系协定》（RCEP）已在2020年11月15日签署

数据来源：商务部网站

世界最大自由贸易区正式启航

2020年11月15日，我国参与的《区域全面经济伙伴关系协定》（RCEP）签署。历经8年谈判，全球最大的自由贸易区终于宣告诞生，正式启航

RCEP有15个成员国

总人口达	GDP达	出口总额达
22.7亿人	26万亿美元	5.2万亿美元

均占全球总量 30%

RCEP货物贸易零关税产品数整体上

超过90%

RCEP涵盖20个章节

既包括货物贸易、服务贸易、投资等市场准入，也包括贸易便利化、知识产权、电子商务、竞争政策、政府采购等大量规则内容

据测算，到2025年，RCEP可望带动成员国

出口	对外投资存量	GDP
▲比基线多增长10.4%	▲比基线多增长2.6%	▲比基线多增长1.8%

数据来源：商务部网站

第十二讲

改善人民生活品质

民生是人民幸福之基、社会和谐之本。增进民生福祉是我们党坚持立党为公、执政为民的本质要求。习近平总书记指出："让老百姓过上好日子是我们一切工作的出发点和落脚点。"顺应人民群众期待，《建议》提出改善人民生活品质，提高社会建设水平；强调坚持把实现好、维护好、发展好最广大人民根本利益作为发展的出发点和落脚点，尽力而为、量力而行，健全基本公共服务体系，完善共建共治共享的社会治理制度，扎实推动共同富裕，不断增强人民群众获得感、幸福感、安全感，促进人的全面发展和社会全面进步。"十四五"时期，我们必须抓住人民最关心最直接最现实的利益问题，抓住最需要关心的人群，在更高水平上实现幼有所育、学有所教、劳有所得、病有所医、老有所养、住有所居、弱有所扶，努力为人民创造更美好、更幸福的生活。

一、提高人民收入水平

收入分配是民生之源，是改善民生、实现发展成果由人民共享最重要最直接的方式。新中国成立以来，特别是改革开放40多年来，我国城乡居民收入大幅增长，居民消费水平明显提升，生活质量显著改善，从温饱不足迈向全面小康，城乡居民生活发生了翻天覆地的变化。2019年，全国居民人均可支配收入30733元，其中城镇居民人均可支配收入42359元，农村居民人均可支配收入16021元。可以说，我国在经济增长的同时基本实现了居民收入同步增长，在劳动生产率提高的同时基本实现了劳动报酬同步提高，居民劳动收入和财产性收入渠道不断拓宽。

进入新发展阶段，提高人民收入水平是不断满足人民对美好生活新期待的前提，是促进我国高质量发展、构建新发展格局的需要，也

“十三五”时期，我国居民收入持续较快增长

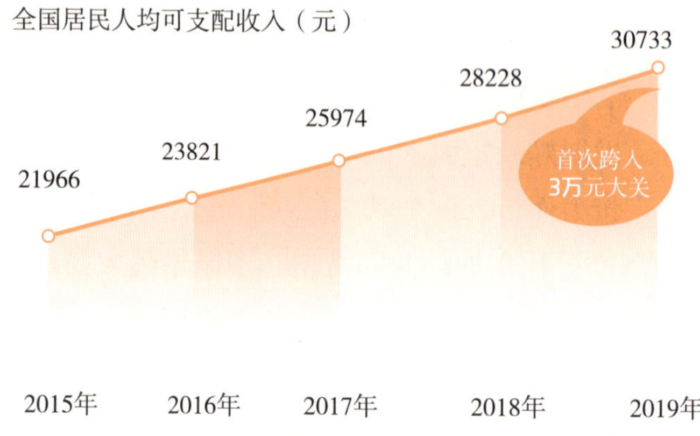

数据来源：国家统计局网站

是我们党治国理政理念的体现。《建议》对“提高人民收入水平”进行专门部署，将之摆在“改善人民生活品质，提高社会建设水平”的首条，这在历次党的全会文献中是第一次，反映了我们党让改革发展成果更多更公平惠及全体人民的执政理念。

一是坚持按劳分配为主体、多种分配方式并存，提高劳动报酬在初次分配中的比重，完善工资制度，健全工资合理增长机制，着力提高低收入群体收入，扩大中等收入群体。劳动报酬是居民收入的主要来源，提高劳动报酬在初次分配当中的比重，有利于促进收入分配更合理、更公平，也有利于激发人们通过劳动创造美好生活的动力。工资是劳动报酬的主体，因此《建议》强调，要完善工资制度，健全工资合理增长的机制。中等收入群体就业相对稳定，生活比较宽裕，消费意愿和消费能力较强，是我国形成强大国内市场、构建新发展格局的重要支撑。目前，我国中等收入群体已经有 4 亿多人，在世界上规模最大、最具成长性。未来，我们将有更多的低收入者上升为中等收入者，逐步形成两头小、中间大的橄榄形的分配结构。

二是完善按要素分配政策制度，健全各类生产要素由市场决定报酬的机制，探索通过土地、资本等要素使用权、收益权增加中低收入群体要素收入；多渠道增加城乡居民财产性收入。改革开放以来的实践证明，劳动力、资本、土地、技术、管理、数据等生产要素由市场评价贡献、按贡献决定报酬，对提高人民收入水平具有重要作用。只有让各类生产要素的活力竞相迸发，才能形成提高人民收入水平的源泉充分涌流的局面。

三是完善再分配机制，加大税收、社保、转移支付等调节力度和精准性，合理调节过高收入，取缔非法收入；发挥第三次分配作用，发展慈善事业，改善收入和财富分配格局。当前，我国收入分配差距仍然较大。2019 年，按全国居民五等份收入分组，低收入组人均可支配收入 7380 元，高收入组人均可支配收入 76401 元，相差悬殊。城乡之间、区域之间、不同群体之间收入差距较大问题仍然客观存在。所以《建议》强调完善再分配机制，就是要通过税收等各种措施缩小收入差距，朝着共同富裕的目标扎实前进。

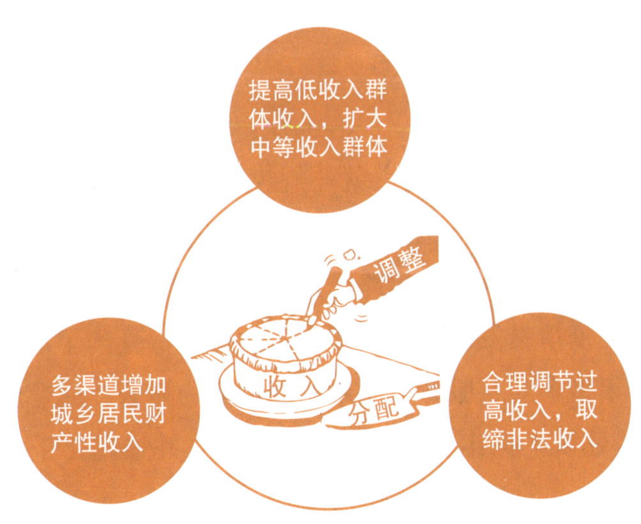

权威评论

詹成付（民政部党组成员、副部长）：提高人民收入水平，是一项复杂的系统工程，必须按照《建议》提出的“坚持系统观念”的要求，加强前瞻性思考、全局性谋划、战略性布局、整体性推进，统筹做好提高人民收入水平的各方面工作。一是统筹经济发展和人民收入水平提高，尽力而为、量力而行，增强提高人民收入的可持续性。二是统筹三次分配领域的相关政策，多措并举提高收入分配质量、缩小收入差距，增强提高人民收入水平的协同性。三是统筹政府、企业、慈善组织、居民群众等主体，调动各方提高人民收入水平的积极性。

二、强化就业优先政策

就业是最大的民生工程、民心工程、根基工程。“十三五”时期，我国就业形势保持总体稳定，就业规模不断扩大，就业结构持续优化，就业质量稳步提高。但要清醒看到，我国有 14 亿人口、9 亿多劳动力，解决好就业问题，始终是经济社会发展的一项重大任务。特别是新冠肺炎疫情暴发以来，我国大多数行业都受到了不同程度的影响，劳动密集型企业、服务业受到的冲击最为显著，就业压力显著增大。因此，《建议》提出强化就业优先政策，并强调要千方百计稳定和扩大就业。

一是坚持就业导向。《建议》提出，要坚持经济发展就业导向，扩大就业容量，提升就业质量，促进充分就业，保障劳动者待遇和权

城镇新增就业筑牢民生之基

“十三五”期间，我国实施更加积极的就业政策，就业形势持续保持稳定

五年间	我国城镇新增就业累计超过6000万人	劳动参与率在主要经济体中始终处于较高水平

2016—2019年	2020年1—8月
每年城镇新增就业保持在1300万人以上	城镇新增就业781万人 完成全年目标任务的86.8%

“十三五”期间

各级财政总投入就业资金 3419.92亿元

数据来源：人力资源和社会保障部网站

益。解决就业问题，根本要靠经济发展。坚持经济发展就业导向是强化就业优先政策的总体要求，表明了就业在经济社会发展中的优先地位。下一步，要促进经济增长和就业增加良性循环，在保持经济总量稳定增长、经济结构不断升级的同时，努力实现就业规模持续扩大、就业结构不断优化、就业质量稳步提升。

权威声音

习近平（中共中央总书记、国家主席、中央军委主席）：要实施好就业优先政策，根据就业形势变化调整政策力度，减负、稳岗、扩就业并举，抓好社保费阶段性减免、失业保险稳岗返还、就业补贴等政策落地，针对部分企业缺工严重、稳岗压力大和重点群体就业难等突出矛盾，因地因企因人分类帮扶，提高政策精准性。

二是完善政策体系。《建议》提出，要健全就业公共服务体系、劳动关系协调机制、终身职业技能培训制度；更加注重缓解结构性就业矛盾，加快提升劳动者技能素质，完善重点群体就业支持体系，统筹城乡就业政策体系。健全这些制度，可以保持我国超大规模就业的现有格局，也可以瞄准缓解结构性就业矛盾的难点精准发力，重点是通过对就业困难群体的补短板、强弱项、兜底线，切实织密就业保障网，为稳定就业提供可靠的制度体系保障。如今，“招工难”和“就业难”并存正成为就业领域的主要矛盾，根源在于劳动力需求与供给的不匹配，关键在于部分劳动者技能不足、技能人才短缺。因此，要加强职业培训，加快提升劳动者技能素质。这是解决我国结构性就业矛盾的重要举措。

三是帮助特殊群体就业。《建议》提出，要扩大公益性岗位安置，帮扶残疾人、零就业家庭成员就业；完善促进创业带动就业、多渠道灵活就业的保障制度，支持和规范发展新就业形态，健全就业需求调查和失业监测预警机制。残疾人、零就业家庭成员是就业工作的短板，必须给予特殊照顾。对通过市场渠道难以实现就业的，要利用公益性岗位托底安置。健全失业监测预警机制，完善失业预警指标体系及预警模型，选择多家企业进行岗位变化动态监测，适时发布失业预警信息，能够为实施失业调控和稳定就业局势提供决策依据。

三、建设高质量教育体系

教育是民族振兴、社会进步的重要基石，是国之大计、党之大计，对提高人民综合素质、促进人的全面发展、增强中华民族创新创造活力、实现中华民族伟大复兴具有决定性意义。经过长期奋斗，我国教育面貌正在发生格局性变化。2019 年，全国学前教育毛入园率达到 83.4%，小学学龄儿童净入学率达到 99.94%，初中、高中、高等教育阶段的毛入学率分别为 102.6%、89.5% 和 51.6%，高等教育进入普及化阶段，特殊教育不断加强，继续教育多样化推进；新增劳动力平均受教育年限超过 13.7 年，“十三五”规划目标将顺利完成，教育普及水平稳居世界中上行列。

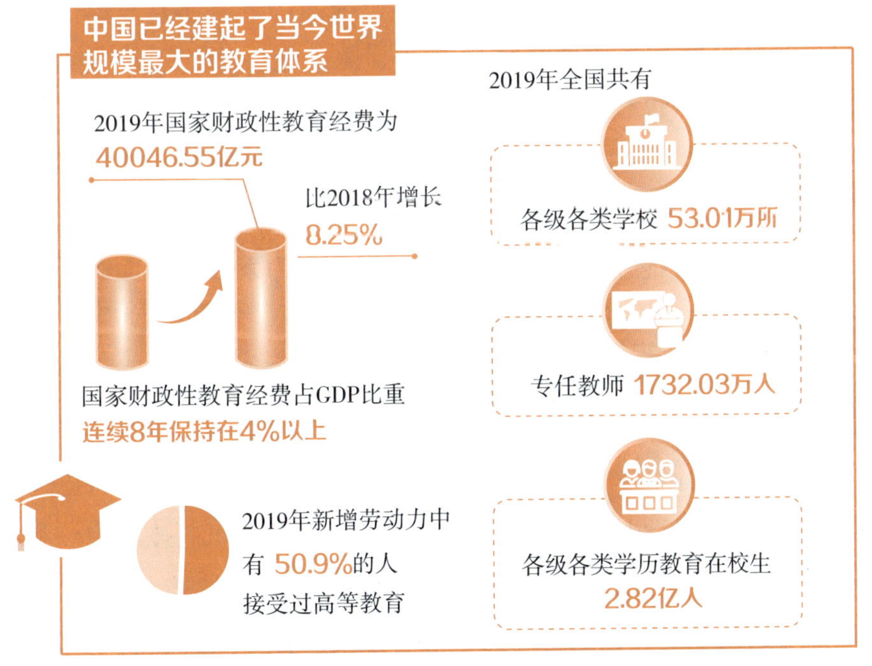

数据来源：《2019 年全国教育事业发展统计公报》

面对人民群众对更好教育质量的需求，《建议》提出建设高质量教育体系，强调全面贯彻党的教育方针，坚持立德树人，加强师德师风建设，培养德智体美劳全面发展的社会主义建设者和接班人，并提出了以下几个方面的任务。

一是健全协同育人机制。《建议》提出，要健全学校家庭社会协同育人机制，提升教师教书育人能力素质，增强学生文明素养、社会责任意识、实践本领，重视青少年身体素质和心理健康教育。之所以提出健全学校家庭社会协同育人机制，是因为学校是人才培养的主阵地，家庭是人生的第一所学校，社会是人们谋生发展的大环境，只有三者都积极支持和参与健全协同育人机制，才能形成育人的更大合力。学校的心理健康教育应重在预防。要加强学校师资培训，提高教师的心理素质；开展形式多样的心理健康教育活动；加强与学生家长的交流和沟通；加强心理咨询机构建设。

二是坚持教育公益性原则。《建议》提出，要深化教育改革，促进教育公平，推动义务教育均衡发展和城乡一体化，完善普惠性学前教育和特殊教育、专门教育保障机制，鼓励高中阶段学校多样化发展。人民教育为人民。“十四五”时期，要努力让每个孩子都能享有公平而有质量的教育，为其谋生发展打好基础。我国学前教育已从外延式发展阶段进入内涵式发展新阶段，必须努力发展普惠而有质量的学前教育，为“幼有所育”提供坚实保障。

三是大力发展职业教育。《建议》提出，要加大人力资本投入，增强职业技术教育适应性，深化职普融通、产教融合、校企合作，探索中国特色学徒制，大力培养技术技能人才。这些举措，必将进一步强化各级政府统筹职业技术教育发展的责任，端正职业技术院校和教育培训机构办学方向，引导行业企业及社会各界支持职业技术教育，提升劳动者技能素质，也将助力学习者通过多种方式就业创业。

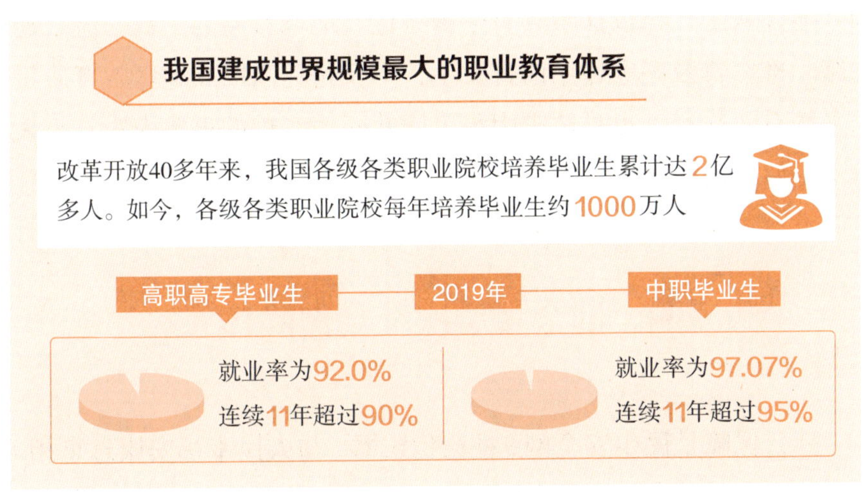

数据来源：教育部网站

四是提高高等教育质量水平。《建议》提出，要分类建设一流大学和一流学科，加快培养理工农医类专业紧缺人才；提高民族地区教育质量和水平，加大国家通用语言文字推广力度；支持和规范民办教育发展，规范校外培训机构；发挥在线教育优势，完善终身学习体系，建设学习型社会。要立足我国独特的历史、文化与国情，扎根中

权威评论

陈宝生（教育部党组书记、部长）：建设高质量教育体系，充分体现了以习近平同志为核心的党中央对“十四五”乃至一个更长时期完善中国特色社会主义教育体系的最新要求。总体上看，《建议》确定了以下四个方面重点：一是建设高质量教育体系必须坚持党对教育工作的全面领导；二是建设高质量教育体系要健全学校家庭社会协同育人机制；三是建设高质量教育体系要在深化改革促进公平上迈开新步；四是建设高质量教育体系要对标服务全民的终身学习体系。

国大地办大学，积极探索具有中国特色、地域特点的“双一流”建设之路。推广普及国家通用语言文字，不仅是提高民族地区教育质量和水平的有效途径，也是铸牢中华民族共同体意识的重要内容，是人民过上美好生活的现实需求。

四、健全多层次社会保障体系

社会保障是民生安全网、社会稳定器，与人民幸福安康息息相关，关系国家的长治久安。随着经济社会的不断发展，社会保障制度建设在党和国家事业发展总体布局中的角色不断转变，逐步从国有企业改革的配套措施、社会主义市场经济的重要支柱，发展成国家的一项重要社会经济制度。

党的十八大以来，以习近平同志为核心的党中央坚持以人民为中心的发展思想，坚持全覆盖、保基本、多层次、可持续的基本方针，从增强公平性、适应流动性、保证可持续性出发，全面推进社会保

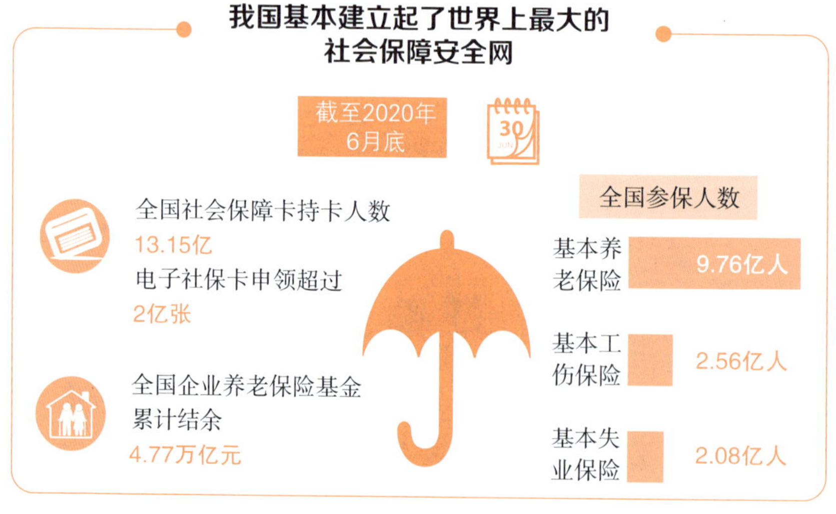

数据来源：人力资源和社会保障部网站

障体系建设，覆盖城乡居民的社会保障体系基本建立，保障项目日益完备，制度运行安全有序，保障水平稳步提高，人民群众更多地分享到经济社会发展的成果。《建议》提出，要健全覆盖全民、统筹城乡、公平统一、可持续的多层次社会保障体系，更好体现社会公平正义，并提出了一系列具有创新性的举措。

一是健全养老、医疗、失业和工伤保险的统筹工作，保证社会保障体系的可持续性。《建议》提出，要推进社保转移接续，健全基本养老、基本医疗保险筹资和待遇调整机制；实现基本养老保险全国统筹，实施渐进式延迟法定退休年龄；发展多层次、多支柱养老保险体系；推动基本医疗保险、失业保险、工伤保险省级统筹，健全重大疾病医疗保险和救助制度，落实异地就医结算，稳步建立长期护理保险制度，积极发展商业医疗保险。长期以来，随着我国城市化加速推进、人口老龄化加快发展、人口向东部沿海发达地区加速流动，地区间基本养老保险金收支不平衡、负担畸轻畸重的问题进一步显现，部分省份基金收支矛盾日益凸显，基本养老保险亟待实现全国统筹。我国现行法定退休年龄是男性 60 岁、女干部 55 岁、女职工 50 岁。这个规定是在 1978 年根据新中国成立初期人均寿命不足 50 岁制定的，同 2019 年我国人均 77.3 岁的预期寿命已不相适应，既影响了劳动力市场的有效供给，也影响了养老保险制度的可持续发展。在现行制度框架下，全国企业职工基本养老保险基金预计到 2029 年当期将出现收不抵支，到 2036 年左右累计结余将告耗尽；企业职工基本医疗保险统筹基金预计在 2024 年出现累计赤字。“十四五”期间，将综合考虑我国人均预期寿命、人口结构变化、劳动力供给状况、社保基金收支等因素，出台实施渐进式延迟法定退休年龄政策。

二是健全覆盖重点人群的社会保障体系。《建议》提出，要健全灵活就业人员社保制度；健全退役军人工作体系和保障制度；健全分层分类的社会救助体系；坚持男女平等基本国策，保障妇女儿童合法权益；健全老年人、残疾人关爱服务体系和设施，完善帮扶残疾人、孤儿等社会福利制度。社会救助是一项保障基本民生的制度安排，与群众特别是困难群众基本生活息息相关。党的十八大以来，我国社会救助事业实现跨越式发展，已形成以最低生活保障、特困人员供养、受灾人员救助、医疗救助、教育救助、住房救助、就业救助、临时救助等社会救助制度为主体，以社会力量参与为补充的社会救助体系，发挥了保民生、托底线、促公平的重要作用。

三是完善全国统一的社会保险公共服务平台。当前，社会保险公共服务平台管理分散、信息系统繁杂、服务标准不统一、业务协同困难、风险防控体系不健全等问题仍然存在。2022 年年底前，全国范围内社会保险服务事项将基本做到标准统一、整体联动、业务协同，全国统一的社会保险公共服务平台将全面建成，线上线下深度融合，功能更加完善，服务持续优化，实现全程网上运行和监督。

深阅读

健全多层次的社会保障体系，在保障项目上，要坚持以社会保险为主体，社会救助保底层，积极完善社会福利、慈善事业、优抚安置等制度；在组织方式上，要坚持以政府为主体，积极发挥市场作用，促进社会保险与补充保险、商业保险相衔接。要积极构建基本养老保险、职业（企业）年金与个人储蓄性养老保险、商业保险相衔接的养老保险体系，协同推进基本医疗保险、大病保险、补充医疗保险、商业健康保险发展，在保基本基础上满足人民群众多样化多层次的保障需求。要完善失业、工伤保险制度，建立健全失业保险费率调整与经济社会发展的联动机制，完善失业保险金标准调整机制；建立预防、补偿、康复“三位一体”的工伤保险制度体系。

五、全面推进健康中国建设

人民健康是社会文明进步的基础，是民族昌盛和国家富强的重要标志，也是广大人民群众的共同追求。没有全民健康，就没有全面小康。党的十八大以来，以习近平同志为核心的党中央把维护人民健康摆在更加突出的位置，召开了全国卫生与健康大会，确立了新时代卫生与健康工作方针，印发了《“健康中国2030”规划纲要》，发出了建设健康中国的号召，明确了建设健康中国的大政方针和行动纲领，人民健康状况和基本医疗卫生服务的公平性、可及性持续改善。

当前，人类正在经历第二次世界大战结束以来最严重的全球公共

《健康中国行动（2019—2030年）》的总体目标

到2022年

健康促进政策体系基本建立，全民健康素养水平稳步提高，健康生活方式加快推广

重大慢性病发病率上升趋势得到遏制，重点传染病、严重精神障碍、地方病、职业病得到有效防控

致残和死亡风险逐步降低，重点人群健康状况显著改善

到2030年

全民健康素养水平大幅提升，健康生活方式基本普及，居民主要健康影响因素得到有效控制

因重大慢性病导致的过早死亡率明显降低，人均健康预期寿命得到较大提高

居民主要健康指标水平进入高收入国家行列，健康公平基本实现

权威声音

习近平（中共中央总书记、国家主席、中央军委主席）：要把人民健康放在优先发展战略地位，努力全方位全周期保障人民健康，加快建立完善制度体系，保障公共卫生安全，加快形成有利于健康的生活方式、生产方式、经济社会发展模式和治理模式，实现健康和经济社会良性协调发展。

卫生突发事件，新冠肺炎疫情仍在全球蔓延。我国仍将长期面临多重疾病负担并存、多重健康影响因素交织的复杂状况，特别是突发急性传染病传播迅速、波及范围广、危害巨大，同时人民群众多层次多样化健康需求持续快速增长，健康越来越成为人民群众关心的重大民生福祉问题。《建议》提出全面推进健康中国建设，强调把保障人民健康放在优先发展的战略位置，坚持预防为主的方针，深入实施健康中国行动，完善国民健康促进政策，织牢国家公共卫生防护网，为人民提供全方位全周期健康服务。

一是在公共卫生建设方面，《建议》提出，要改革疾病预防控制体系，强化监测预警、风险评估、流行病学调查、检验检测、应急处置等职能；建立稳定的公共卫生事业投入机制，加强人才队伍建设，改善疾控基础条件，完善公共卫生服务项目，强化基层公共卫生体系；落实医疗机构公共卫生责任，创新医防协同机制；完善突发公共卫生事件监测预警处置机制，健全医疗救治、科技支撑、物资保障体系，提高应对突发公共卫生事件能力。在这次新冠肺炎疫情防控中，我国公共卫生服务体系经受住了考验，也暴露出一些明显短板，如防与治分离、应急救援设备人均占有率偏低等。以上举措就是补齐短板的有效之策。

加强公共卫生体系建设

坚持生命至上，改革疾病预防控制体制，加强传染病防治能力建设，完善传染病直报和预警系统，坚持及时公开透明发布疫情信息

用好抗疫特别国债，加大疫苗、药物和快速检测技术研发投入，增加防疫救治医疗设施，增加移动实验室，强化应急物资保障，强化基层卫生防疫

深入开展爱国卫生运动。普及卫生健康知识，倡导健康文明生活方式

大幅提升防控能力，坚决防止疫情反弹，坚决守护人民健康

二是在医药卫生改革方面，《建议》提出，要坚持基本医疗卫生事业公益属性，深化医药卫生体制改革，加快优质医疗资源扩容和区域均衡布局，加快建设分级诊疗体系，加强公立医院建设和管理考核，推进国家组织药品和耗材集中采购使用改革，发展高端医疗设备；支持社会办医，推广远程医疗。习近平总书记指出，无论社会发展到什么程度，我们都要毫不动摇把公益性写在医疗卫生事业的旗帜上，不能走全盘市场化、商业化的路子。总而言之，就是要让老百姓都能看得上病、看得起病、看得好病，在家门口也能看上好医生。

三是在健康服务和健康产业方面，《建议》提出，要坚持中西医并重，大力发展中医药事业；提升健康教育、慢病管理和残疾康复服务质量，重视精神卫生和心理健康；深入开展爱国卫生运动，促进全民养成文明健康生活方式；完善全民健身公共服务体系；加快发展健康产业。这既立足于我国传统医学的优势，又适应了时代和人们对健康的新要求新期待。

六、实施积极应对人口老龄化国家战略

我国自 20 世纪末进入老龄化社会以来，老年人口数量及其占总人口的比重持续增长。2000—2019 年，60 岁及以上老年人口从 1.26 亿增至近 2.54 亿，我国已成为世界上老年人口数量最多的国家。未来一段时间，我国人口老龄化程度将持续加深。预计我国老年人口数量到 2025 年将突破 3 亿，2033 年将突破 4 亿，2053 年将达到 4.87 亿的峰值。

人口老龄化是社会发展的重要趋势，是人类文明进步的体现，也

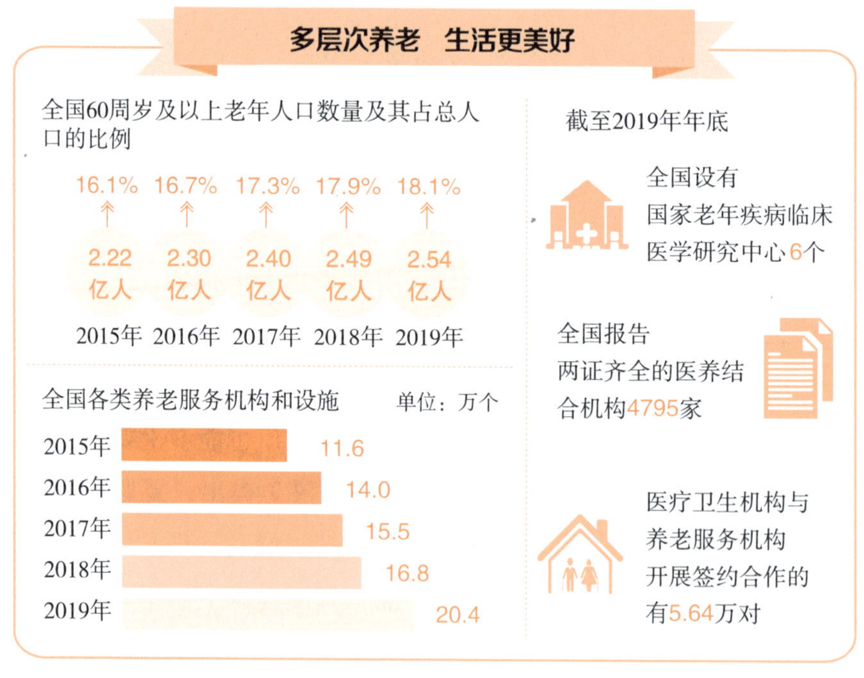

数据来源：《人民日报》

是今后较长一段时期我国的基本国情。面对滚滚而来的“银发浪潮”，我们应该理性辩证地认识：它既给我国经济社会发展带来了巨大挑战和冲击，也蕴藏着宝贵的发展机遇和希望。

满足数量庞大的老年群体的多方面需求，妥善解决人口老龄化带来的社会问题，事关国家发展全局，事关百姓福祉。2019 年 11 月，党中央、国务院正式印发了《国家积极应对人口老龄化中长期规划》。该规划是到 21 世纪中叶我国积极应对人口老龄化的战略性、综合性、指导性文件，分三个时段：近期至 2022 年，中期至 2035 年，远期展望至 2050 年。

权威评论

李纪恒（民政部党组书记、部长）：实施积极应对人口老龄化国家战略，必须坚持党的全面领导，发挥党总揽全局、协调各方的作用。要在各级党委的领导下，发挥政府的主导作用，加强顶层设计，凝聚社会共识，切实把党的政治领导力、思想引领力、群众组织力、社会号召力转化为全社会应对人口老龄化的强大动力，走出一条借鉴各国有益经验、符合中国国情、具有中国特色的积极应对人口老龄化之路。

《建议》提出，实施积极应对人口老龄化国家战略。这是从国家层面对人口老龄化作出的重大战略部署，是我们牢牢掌握战略先机和战略主动的先手棋，对我国经济社会发展具有重大而深远的影响。

一是优化生育政策，提高人口素质。《建议》提出，要制定人口长期发展战略，优化生育政策，增强生育政策包容性，提高优生优育服务水平，发展普惠托育服务体系，降低生育、养育、教育成本，促进人口长期均衡发展，提高人口素质。目前，受多方影响，我国适龄

实施积极应对人口老龄化国家战略

- 优化生育政策，提高人口素质
- 开发老龄人力资源，推动养老事业和养老产业协同发展

人口生育意愿偏低，妇女总和生育率已跌破警戒线（1.8），人口发展进入关键转折期。全面两孩政策实施后，2016 年和 2017 年形成生育小高峰，分别出生 1786 万人和 1723 万人，但 2018 年就降至 1523 万人，2019 年又降至 1465 万人。随着新出生人口数量的逐年走低，全国总人口在今后若干年内将达到峰值，随后就会进入负增长阶段。这既不利于保持代际和谐与社会活力，也不利于维护国家人口安全和增强国际竞争力。《建议》提出制定人口长期发展战略，优化生育政策，增强生育政策包容性，目的就是防范和化解人口老龄化带来的社会稳定风险和国家人口安全风险，确保中华民族永续发展。

二是开发老龄人力资源，推动养老事业和养老产业协同发展。《建议》提出，要积极开发老龄人力资源，发展银发经济；推动养老事业和养老产业协同发展，健全基本养老服务体系，发展普惠型养老服务和互助性养老，支持家庭承担养老功能，培育养老新业态，构建居家社区机构相协调、医养康养相结合的养老服务体系，健全养老服务综合监管制度。积极开发老龄人力资源，一方面，要发挥老年人在

发展银发经济

《国家积极应对人口老龄化中长期规划》在发展银发经济上作出部署安排，着力推动增加为老服务和产品有效供给

推动老年产品市场提质扩容

推动养老服务业融合发展

经济社会建设中的积极作用，支持老年人力所能及发光发热、老有所为，积极参与经济社会活动，继续创造社会财富；另一方面，要紧跟老年消费需求变化，促进老年经济发展，实现积极应对人口老龄化政策措施社会效益与经济效益相统一。总之，《建议》提出的这些举措，目的就是让每位老年人都能生活得安心、静心、舒心，不断满足广大老年人群日益增长的美好生活需要。

七、加强和创新社会治理

社会治理是国家治理的重要领域，社会治理现代化是国家治理体系和治理能力现代化的题中应有之义。总体上看，当前我国社会治理体系不断完善，社会安全稳定形势持续向好，人民生命财产安全得到有效维护，广大人民群众的安全感和满意度不断增强。但也要清醒看到，在社会大局总体稳定的同时，社会利益关系日趋复杂，社会阶层结构分化，社会矛盾和问题交织叠加，人民群众对社会事务参与意愿更加强烈，社会治理面临的形势环境更为复杂，我们的社会治理工作在很多方面还跟不上。

新时代进一步加强和创新社会治理，要坚持问题导向，把专项治理和系统治理、综合治理、依法治理、源头治理结合起来，坚定不移走中国特色社会主义治理之路。为此，《建议》提出加强和创新社会治理，并作出一系列部署。

一是建设党组织领导的社会治理共同体。《建议》提出，要完善社会治理体系，健全党组织领导的自治、法治、德治相结合的城乡基层治理体系，完善基层民主协商制度，实现政府治理同社会调节、居民自治良性互动，建设人人有责、人人尽责、人人享有的社会治理共同体。具体而言，党委要发挥总揽全局、协调各方的领导作用，加强对社会治理工作的领导，及时研究解决社会治理重大问题。政府要全面正确履职，将该由政府管理的社会事务管理好。要健全基层党组织领导的、充满活力的基层群众自治机制，在城乡社区治理、基层公共事务和公益事业中，实行群众自我管理、自我服务、自我教育、自我监督。

二是发挥群团组织与社会组织在社会治理中的作用。《建议》提出，要发挥群团组织和社会组织在社会治理中的作用，畅通和规范市场主体、新社会阶层、社会工作者和志愿者等参与社会治理的途径。社会治理植根于社会。群团组织具有紧密接触社会、密切联系群众等特点，在社会治理中具有独特优势，可以探索把适合群团组织承担的一些社会管理服务职能按照法定程序转由群团组织行使。社会组织具有提供公共服务、化解社会矛盾等功能，要重点扶持发展城乡基层生活服务类、公益慈善类、专业调处类、治保维稳类等社会组织，发挥它们在社会治理中的重要作用。同时，鼓励企业利用技术、数据、人才优势参与社会治理，主动承担起安全生产、合规经营等责任。拓宽新社会阶层、社会工作者和志愿者参与社会治理的渠道，创新组织化管理和联络动员的制度机制，确保依法有序参与社会事务。

三是推动基层社会治理和服务体系建设。《建议》提出，要推动社会治理重心向基层下移，向基层放权赋能，加强城乡社区治理和服务体系建设，减轻基层特别是村级组织负担，加强基层社会治理队伍建设，构建网格化管理、精细化服务、信息化支撑、开放共享的基层管理服务平台。基础不牢，地动山摇。社会治理重点在基层，难点也在基层，必须把抓基层、打基础作为长远之计和固本之举。一方面要做加法，向基层放权赋能，坚持重心下移、力量下沉、资源下投，增加对基层的人财物投入，让基层有条件、有能力搞好社会治理；另一方面要做减法，减轻基层特别是村级组织负担，让社区居委会和村民委员会沉下心来抓治理、抓服务。

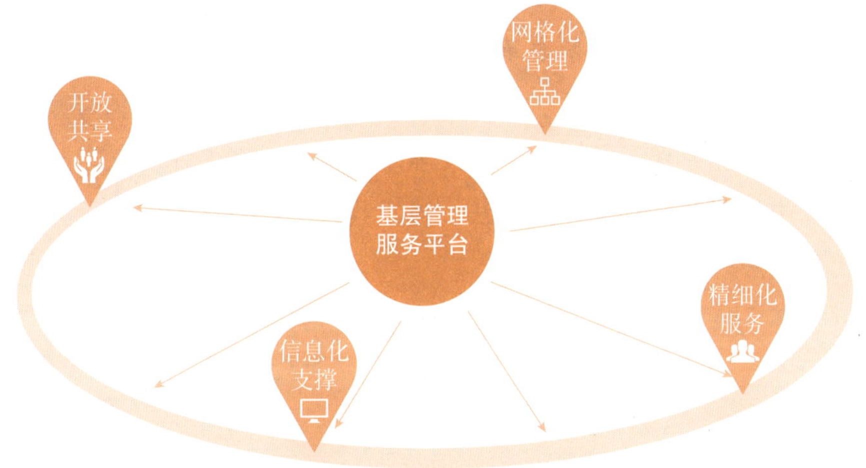

四是推进市域社会治理能力建设。《建议》提出，要加强和创新市域社会治理，推进市域社会治理现代化。随着我国城镇化的快速推进，城市人口大量增加，市域成为重大矛盾风险的产生地、集聚地。但要看到，市域层面具有较为完备的社会治理体系，具有解决社会治理中重大矛盾问题的资源和能力，是将风险隐患化解在萌芽、解决在基层的最直接、最有效力的治理层级，能起到以城带乡、以点带面、以上带下的积极作用。下一步，要发挥市域前线指挥部功能，优化市域社会治理的政治体系、自治体系、法治体系、德治体系，加快推进市域社会治理现代化，把重大矛盾风险防范化解在市域。

深阅读

法治是社会治理方式现代化中体现社会进步的重要标志，是国家治理体系和治理能力的重要依托。要充分发挥法治固根本、稳预期、利长远的保障作用，把社会治理纳入法治化轨道。加快制定完善社会治理现代化急需、满足人民对美好生活新期待必备的法律法规，创新完善相关地方法规和行政规章，以良法保障善治。深化行政执法体制改革，加大生产安全、生态环境、食品药品等重点领域执法力度。加强执法司法制约监督，让人民群众在每一起案件办理、每一件事情处理中都能感受到公平正义。增强全民法治观念，养成办事依法、遇事找法、解决问题用法、化解矛盾靠法的良好习惯。

第十三讲

统筹发展和安全

国家安全是安邦定国的重要基石，是国家生存发展的基本前提。习近平总书记强调：“我们党要巩固执政地位，要团结带领人民坚持和发展中国特色社会主义，保证国家安全是头等大事。”安全是发展的前提，发展是安全的保障。统筹发展和安全，增强忧患意识，做到居安思危，是我们党治国理政的一个重大原则。前进道路上，我们既要善于运用发展成果夯实国家安全的实力基础，又要善于塑造有利于经济社会发展的安全环境，实现发展和安全互为条件、彼此支撑。《建议》提出要统筹发展和安全，建设更高水平的平安中国；强调坚持总体国家安全观，实施国家安全战略，维护和塑造国家安全，统筹传统安全和非传统安全，把安全发展贯穿国家发展各领域和全过程，防范和化解影响我国现代化进程的各种风险，筑牢国家安全屏障。

一、加强国家安全体系和能力建设

当前，世界百年未有之大变局加速演进，我国面临复杂多变的安全和发展环境，各种可以预见和难以预见的风险因素明显增多，各方面风险可能不断积累甚至集中显露。面对波谲云诡的国际形势、复杂敏感的周边环境、艰巨繁重的改革发展稳定任务，我国国家安全的内涵和外延比历史上任何时候都要丰富，时空领域比历史上任何时候都要宽广，内外因素比历史上任何时候都要复杂，维护国家安全和社会稳定的任务十分艰巨。

面对来自内部和外部的安全风险，加强国家安全体系和能力建设刻不容缓。《建议》在准确把握国家安全形势变化新特点新趋势的基础上，提出了加强国家安全体系和能力建设的重大任务，在新发展阶段为做好国家安全工作提供了基本遵循，指明了前进方向。

在体制机制上，《建议》提出，要完善集中统一、高效权威的国

加强国家安全体系和能力建设

完善和健全国家安全体制机制

加强国家安全宣传教育，增强全民国家安全意识，巩固国家安全人民防线

坚定维护国家政权安全、制度安全、意识形态安全，全面加强网络安全保障体系和能力建设

严密防范和严厉打击敌对势力渗透、破坏、颠覆、分裂活动

家安全领导体制，健全国家安全法治体系、战略体系、政策体系、人才体系和运行机制，完善重要领域国家安全立法、制度、政策；健全国家安全审查和监管制度，加强国家安全执法。党的十八大以来，我们推动国家安全体系变革，成立中央国家安全委员会，制定实施《国家安全战略纲要》和若干重要领域国家安全政策，完善国家安全立法，大力加强国家安全能力建设，推动我国国家安全思想、理念、战略、政策、法制、体系、能力、工作实现与时俱进，全面迈上了一个新的台阶。“十四五”期间，要进一步完善党委统一领导的国家安全工作责任制，健全各种体制机制、政策制度，为维护国家安全奠定坚实基础。

在依靠力量上，《建议》提出，要加强国家安全宣传教育，增强全民国家安全意识，巩固国家安全人民防线。国家安全一切为了人民，也要一切依靠人民，人民是维护和实现国家安全最强大的依靠力量。维护国家安全既是国家责任，也是公民责任，每一个人都是主角。要认真落实“谁执法谁普法”工作责任制，突出重点领域、关键群体，深化国家安全宣传教育，建立健全总体国家安全观教育制度，教育引导广大人民群众增强国家安全意识、坚决履行宪法和国家安全

法律制度规定的维护国家安全的责任和义务，凝聚共同维护国家安全的磅礴力量。

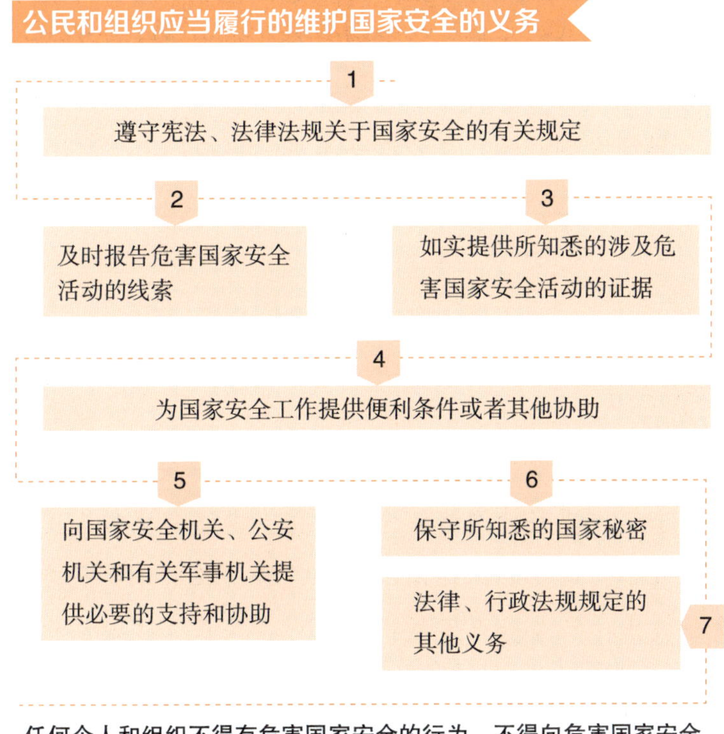

在重点领域上，《建议》提出，要坚定维护国家政权安全、制度安全、意识形态安全，全面加强网络安全保障体系和能力建设。维护重点领域国家安全是主阵地、主战场，要聚焦重点，抓纲带目，把确保政治安全作为首要任务，统筹推进各重点领域国家安全工作。政治安全的核心是政权安全和制度安全，最根本的就是维护中国共产党的领导和执政地位、维护中国特色社会主义制度。意识形态安全关系社会主义方向道路，关系我们党执政的思想基础，必须切实抓好。网络安全已经成为我国面临的最复杂、最现实、最严峻的非传统安全问题之一，要加强网络综合治理与安全保障体系和能力建设，切实维护国家网络空间主权安全。

在打击对象上，《建议》提出，要严密防范和严厉打击敌对势力渗透、破坏、颠覆、分裂活动。危害国家安全的活动目前已经渗透到社会生活的各个方面，对经济社会发展和稳定造成严重危害。我们既要瞪大眼睛、敏锐发现问题，又要铁拳出击、狠狠打击，严密防范打击境内外敌对势力渗透、破坏、颠覆、捣乱活动，深入开展反恐怖反分裂斗争。

权威声音

习近平（中共中央总书记、国家主席、中央军委主席）：国家网络安全工作要坚持网络安全为人民、网络安全靠人民，保障个人信息安全，维护公民在网络空间的合法权益。要坚持网络安全教育、技术、产业融合发展，形成人才培养、技术创新、产业发展的良性生态。要坚持促进发展和依法管理相统一，既大力培育人工智能、物联网、下一代通信网络等新技术新应用，又积极利用法律法规和标准规范引导新技术应用。要坚持安全可控和开放创新并重，立足于开放环境维护网络安全，加强国际交流合作，提升广大人民群众在网络空间的获得感、幸福感、安全感。

二、确保国家经济安全

国家经济安全，是指在经济全球化条件下，一个国家的国民经济发展和经济实力处于不受根本威胁的状态，包括保持其经济存在和发展所需资源有效供给，经济体系独立稳定运行，整体经济福利不受恶意侵害等。在经济全球化大背景下，经济安全风险贯穿国家间经济交往的全过程，经济安全已经成为国家安全体系的重要组成部分。

随着我国经济规模的不断扩大，市场化和对外开放程度的日益提高，维护经济安全已经成为一个重大而现实的课题。《建议》提出，要确保国家经济安全。对高度复杂、持久多样的经济安全风险，必须认真评估、提前预警，加强防控机制和能力建设，以确保动态化、常态化经济安全。

一是完善预警机制。《建议》提出，要加强经济安全风险预警、防控机制和能力建设，实现重要产业、基础设施、战略资源、重大科技等关键领域安全可控。近年来，经济领域风险挑战层出不穷，“黑天鹅”“灰犀牛”现象交替出现，经济生活中的短板效应日益凸显。因此，我们要进一步加大经济安全风险预警机制建设力度，深化对各种风险的评估研判，完善经济安全风险预警监测体系，提高动态监测和实时预警能力，抓早抓小、抓苗头抓源头，把经济风险隐患消灭在萌芽状态。要健全危机应对体系，做到危机预警、应急指挥、现场处置、恢复重建、事后评估无缝对接，积极引导舆论信息和社会预期，严密防范“次生风险”。

二是增强抗冲击能力。《建议》提出，要实施产业竞争力调查和评价工程，增强产业体系抗冲击能力。产业安全是经济安全的根基。

我国一些关键技术、高端装备和元器件仍依赖进口，研发设计等方面竞争力不强；我国产业链在国际产业链中总体上还处于技术含量和附加值较低的环节，产业链与供应链衔接不够密切。要夯实产业基础能力，聚焦电子信息、装备制造、生物医药、新能源、新材料等重点产业，加快补齐短板弱项，增强产业体系抗冲击能力。

三是维护重要行业领域安全。《建议》提出，要确保粮食安全，保障能源和战略性矿产资源安全；维护水利、电力、供水、油气、交通、通信、网络、金融等重要基础设施安全，提高水资源集约安全利用水平；维护金融安全，守住不发生系统性风险底线；确保生态安全，加强核安全监管，维护新型领域安全。确保国家粮食安全，就是把中国人的饭碗牢牢端在自己手里，做到谷物基本自给、口粮绝对安

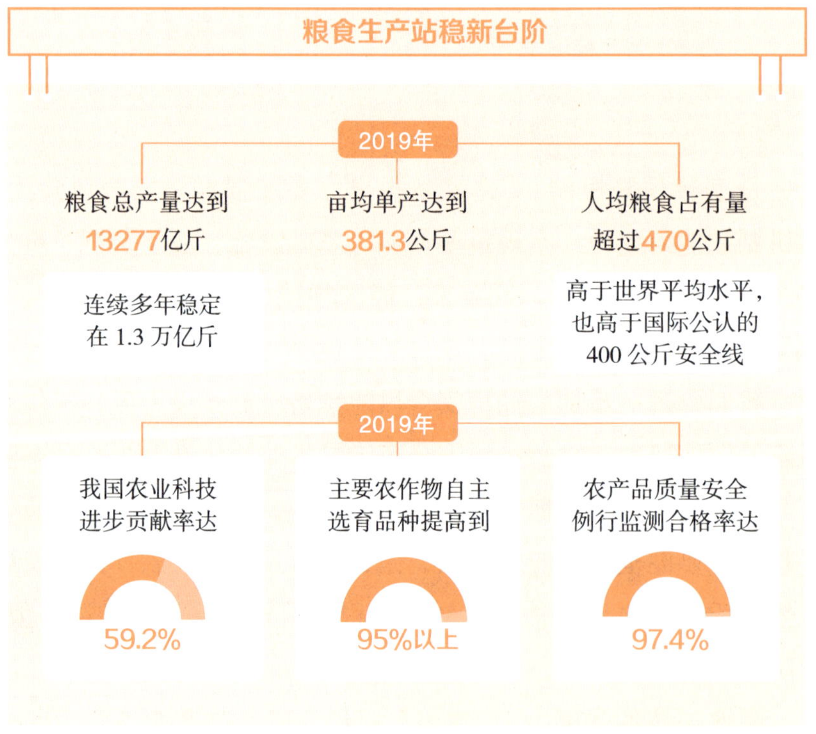

数据来源：《经济日报》

全。能源和战略性矿产资源是国家发展的基础，要保障其充足、稳定、可持续供应。要防范和化解系统性、区域性金融风险，防范和抵御外部金融风险的冲击。面对生态安全、核安全等新型领域安全问题，要以与时俱进的理念进行应对和防范。

权威声音

习近平（中共中央总书记、国家主席、中央军委主席）：维护金融安全，要坚持底线思维，坚持问题导向，在全面做好金融工作基础上，着力深化金融改革，加强金融监管，科学防范风险，强化安全能力建设，不断提高金融业竞争能力、抗风险能力、可持续发展能力，坚决守住不发生系统性金融风险底线。

四是构建海外利益保护和风险预警防范体系。随着我国综合实力的不断提升，我国企业在海外投资形成的资产规模迅速扩大，我国公民出境人数迅速增加，然而国际形势更加严峻复杂，安全风险不容低估。必须加紧研究、加大投入、加强防范，加快构建海外利益保护和风险预警防范体系，切实维护我国海外利益安全，保护海外中国公民、组织和机构的安全和正当权益。

三、保障人民生命安全

民心是最大的政治，民安是最大的责任。人的生命是最宝贵的。在这次抗击新冠肺炎疫情中，我们坚持人民至上、生命至上，全力以赴救治患者，不遗漏一个感染者，不放弃每一位病患者，从出生仅

30 多个小时的婴儿到 100 多岁的老人，从在华外国留学生到来华外国人员，每一个生命都得到全力护佑，人的生命、人的价值、人的尊严得到悉心呵护。

在保护人民生命安全面前，我们必须不惜一切代价，我们也能够做到不惜一切代价，因为我们的国家是人民当家作主的社会主义国家，中国共产党的根本宗旨是全心全意为人民服务。《建议》提出，坚持人民至上、生命至上，把保护人民生命安全摆在首位，全面提高公共安全保障能力。

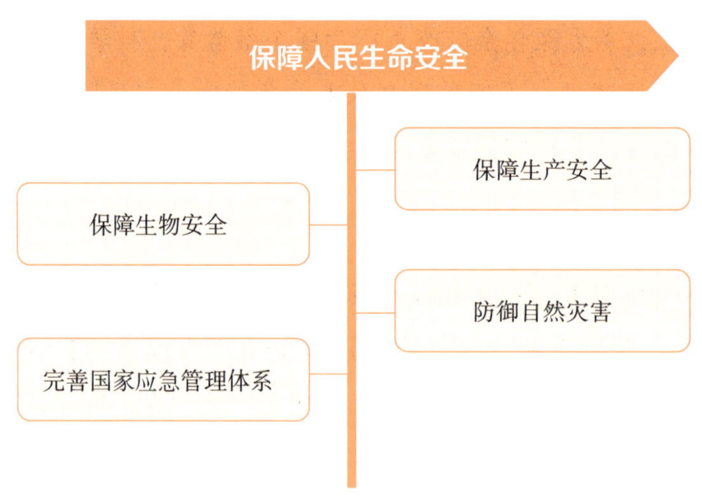

一是保障生产安全。《建议》提出，完善和落实安全生产责任制，加强安全生产监管执法，有效遏制危险化学品、矿山、建筑施工、交通等重特大安全事故。从 2019 年的情况看，生产安全事故总量、较大事故和重特大事故保持“三个继续下降”，安全生产形势进一步好转，但风险隐患仍然存在，这方面还有大量工作要做。“十四五”期间，我们要针对安全生产事故主要特点和突出问题，层层压实责任，狠抓整改落实，强化风险防控，从根本上消除事故隐患，有效遏制重特大事故发生。

2019年全国安全生产形势进一步好转

生产安全事故总量、较大事故和重特大事故保持“三个继续下降”

事故起数下降	较大事故起数下降	重特大事故起数下降
18.3%	10.2%	5.3%

数据来源：应急管理部网站

二是保障生物安全。《建议》提出，要强化生物安全保护，提高食品药品等关系人民健康产品和服务的安全保障水平。生物技术有助于解决食品短缺、疾病传播、环境污染等问题，但发展应用中一旦失控，就会导致生物技术滥用，对国家安全构成巨大威胁。2020年10月，《中华人民共和国生物安全法》已获通过，自2021年4月15日起施行。这为保障我国生物安全提供了法律依据，也为保护人民健康、保障国家安全、维护国家长治久安、系统规划国家生物安全风险防控和治理体系建设、全面提高国家生物安全治理能力提供了保障。

三是防御自然灾害。《建议》提出，要提升洪涝干旱、森林草原火灾、地质灾害、地震等自然灾害防御工程标准，加快江河控制性工程建设，加快病险水库除险加固，全面推进堤防和蓄滞洪区建设。我国是世界上受自然灾害影响最严重的国家之一，灾害种类多，分布地域广，发生频率高，造成损失重。新中国成立以来，党和政府高度重视自然灾害防治，发挥我国社会主义制度能够集中力量办大事的政治优势，防灾减灾救灾成效举世公认。但是我们必须看到，我国自然灾害防治能力总体还比较弱。要建立高效科学的自然灾害防治体系，提升自然灾害防御工程标准，提高全社会自然灾害防治能力，为保护人

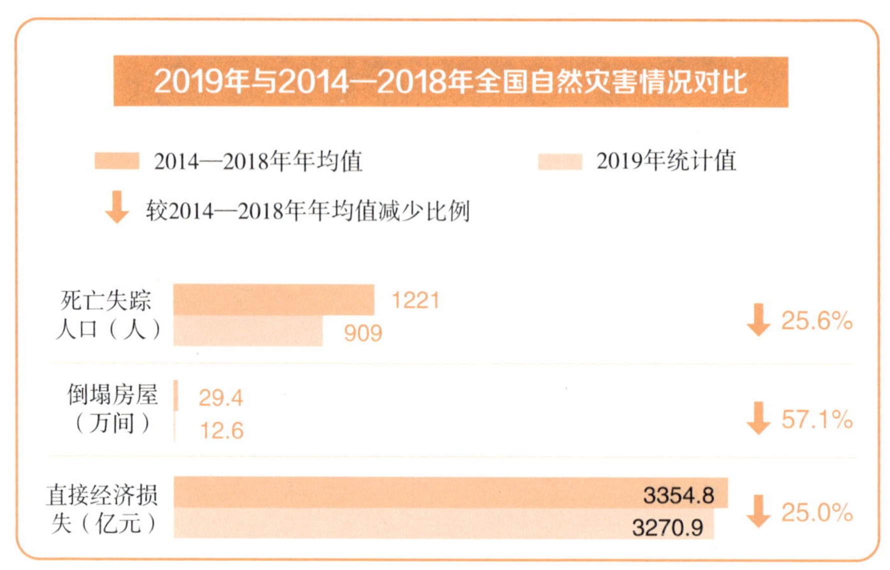

数据来源：应急管理部网站、民政部国家减灾办网站

民群众生命财产安全和国家安全提供有力保障。

四是完善国家应急管理体系。《建议》提出，要加强应急物资保障体系建设，发展巨灾保险，提高防灾、减灾、抗灾、救灾能力。应

深阅读

2020年新冠肺炎病毒突袭而至，疫情来势汹汹，人民生命安全和身体健康面临严重威胁。我们坚持人民至上、生命至上，以坚定果敢的勇气和坚忍不拔的决心，同时间赛跑、与病魔较量，迅速打响疫情防控的人民战争、总体战、阻击战，用一个多月的时间初步遏制疫情蔓延势头，用两个月左右的时间将本土每日新增病例控制在个位数以内，用三个月左右的时间取得武汉保卫战、湖北保卫战的决定性成果，进而又接连打了几场局部地区聚集性疫情歼灭战，夺取了全国抗疫斗争重大战略成果。

急管理是国家治理体系和治理能力的重要组成部分，承担着防范化解重大安全风险、及时应对处置各类灾害事故的重要职责，担负着保护人民群众生命财产安全和维护社会稳定的重要使命。立足我国灾害事故多发频发的基本国情，2018 年机构改革时组建了中华人民共和国应急管理部，整合了 11 个部门的 13 项职责，形成了防灾、减灾、抗灾、救灾的强大合力。“十四五”期间，要发挥我国应急管理体系的特色和优势，进一步完善体制机制，积极推进我国应急管理体系和能力现代化。

四、维护社会稳定和安全

社会稳定和安全与人民群众切身利益关系最密切，是人民群众安全感的晴雨表，是社会安定的风向标。社会稳定、国泰民安既是广大人民群众的热切期盼，也是我们党治国理政的重要目标。随着经济发展、社会进步，人民群众对过上美好生活有了更高的期待，对社会稳定和安全有了更高的要求。

当前，我国社会大局总体稳定，但影响稳定的问题和矛盾仍然存在，并且带有明显的阶段性特征。比如，一些历史遗留问题尚未得到有效解决，经济下行压力又带来新的矛盾纠纷，新旧矛盾相互交织，

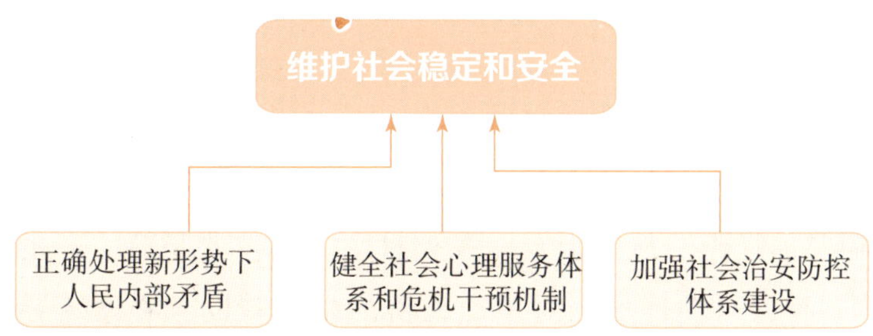

各种风险增多；全面深化改革带来社会关系和利益格局的调整，新型城镇化和农业现代化过程中不可避免地出现一些新情况新问题。面对这些问题和矛盾，《建议》提出了维护社会稳定和安全的重大任务。

一是正确处理新形势下人民内部矛盾。《建议》提出，要坚持和发展新时代“枫桥经验”，畅通和规范群众诉求表达、利益协调、权益保障通道，完善信访制度，完善各类调解联动工作体系，构建源头防控、排查梳理、纠纷化解、应急处置的社会矛盾综合治理机制。1963 年，浙江诸暨枫桥的干部群众在社会主义教育运动中创造了“发动和依靠群众，坚持矛盾不上交，就地解决，实现捕人少、治安好”的“枫桥经验”，后经毛泽东批示在全国推广，50 多年来历久弥新、经久不衰，成为我国政法综治战线的一面光辉旗帜。正确处理新形势下人民内部矛盾，要把“枫桥经验”坚持好、发展好，把党的群众路线坚持好、贯彻好，充分依靠群众，充分发动群众。

新时代“枫桥经验”是把党的群众路线坚持好、贯彻好的典范，是基层治理的“金字招牌”

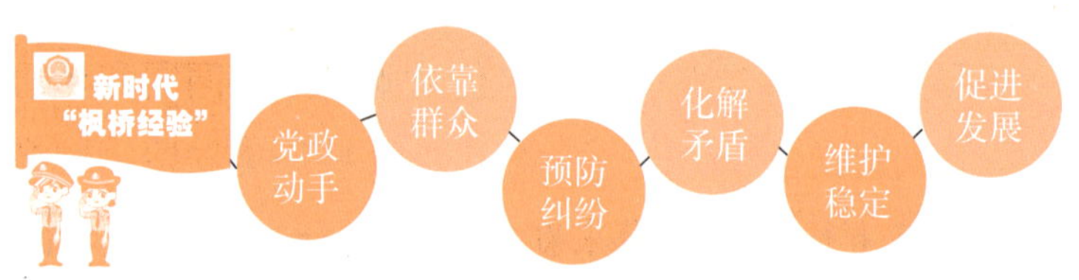

二是健全社会心理服务体系和危机干预机制。随着社会的发展，工作、生活节奏不断加快，社会竞争日益激烈，很容易引起人们的心理波动和精神障碍，从而引发一系列社会问题。要坚持“一把钥匙开一把锁”，有针对性地加强对重点人群的帮扶救助、心理疏导和法律援助，最大限度地消解社会戾气，培育自尊自信、理性平和与积极向

继续完善社会心理服务网络

2020 年 4 月《关于印发全国社会心理服务体系建设试点 2020 年重点工作任务及增设试点的通知》规定了继续完善社会心理服务网络的任务和目标

基层

- 继续搭建基层社会心理服务平台。试点地区依托基层综治中心或城乡社区综合服务设施等，在村（社区）建立心理咨询室或社会工作室；2020 年年底前，以村（社区）为单位，建成率达 50% 以上

学生

- 完善学生心理健康服务网络。试点地区所有高等院校按照师生比不少于 1∶4000 的比例，配备心理健康教育专职教师。建立心理辅导室的中小学校比例达 70% 以上

员工

- 完善员工心理健康服务网络。50% 的党政机关、企事业单位为员工提供心理健康服务

综合医院

- 完善综合医院心理健康服务。20% 的二级以上综合医院开设精神（心理）门诊

上的社会心态。

三是加强社会治安防控体系建设。《建议》提出，要坚持专群结合、群防群治，加强社会治安防控体系建设，坚决防范和打击暴力恐怖、黑恶势力、新型网络犯罪和跨国犯罪，保持社会和谐稳定。“十四五”期间，要坚持立体化、法治化、专业化、智能化方向，打造城乡统筹、网上网下融合、人防物防技防结合、打防管控一体的社会治安防控新格局。坚持专群结合，创新完善依靠群众、发动群众的制度机制。打好扫黑除恶专项斗争决胜战，建立健全常态化扫黑除恶工作机制，推动严打暴恐常态化，健全对新型网络犯罪和跨国犯罪打击整治机制。

权威声音

习近平（中共中央总书记、国家主席、中央军委主席）：维护国家安全，必须做好维护社会和谐稳定工作，做好预防化解社会矛盾工作，从制度、机制、政策、工作上积极推动社会矛盾预防化解工作。要增强发展的全面性、协调性、可持续性，加强保障和改善民生工作，从源头上预防和减少社会矛盾的产生。要以促进社会公平正义、增进人民福祉为出发点和落脚点，加大协调各方面利益关系的力度，推动发展成果更多更公平惠及全体人民。

第十四讲

加快国防和军队现代化

强国必须强军，军强才能国安。这是我们党领导中国人民站起来、富起来、强起来的重要历史经验。站在新的历史起点上，面对国家安全环境的深刻变化，面对强国强军的时代要求，必须坚定不移走中国特色强军之路，把新时代强军事业不断推向前进。《建议》提出加快国防和军队现代化，实现富国和强军相统一；强调贯彻习近平强军思想，贯彻新时代军事战略方针，坚持党对人民军队的绝对领导，坚持政治建军、改革强军、科技强军、人才强军、依法治军，加快机械化信息化智能化融合发展，全面加强练兵备战，提高捍卫国家主权、安全、发展利益的战略能力，确保2027年实现建军百年奋斗目标。

一、提高国防和军队现代化质量效益

当前，世界百年未有之大变局正在加速演进，国际战略格局已然发生深刻调整，我国面临的安全形势空前复杂严峻，经济下行压力增大，国防和军队现代化需求与可能的矛盾比较突出。这就需要把高质量发展放在首位，提高军事系统运行效能和国防资源使用效益。

为适应世界新军事革命发展趋势和国家安全需求，我们迫切需要提高国防和军队现代化质量效益，提高国防和军队现代化的专业化、精细化、科学化水平。《建议》提出要提高国防和军队现代化质量效益，并从加快军事理论现代化、军队组织形态现代化、军事人员现代化、武器装备现代化四个方面进行了全面部署。

一是加快军事理论现代化。《建议》提出，要与时俱进创新战争和战略指导，健全新时代军事战略体系，发展先进作战理论。科学的军事理论就是战斗力，人民军队之所以不断发展壮大、从胜利走向胜利，关键在于先进军事理论的指导。当前，战争形态和作战方式正在发生革命性变化，新的战争和作战理论层出不穷。这就需要持续深化

对习近平强军思想的学习研究，积极跟踪现代战争演变趋势，加强对手研究、敌情研究，研究探索智能化战争的特点规律和制胜机理，与时俱进创新军事战略指导。要深入贯彻新时代军事战略方针，配套完善战区战略、重大安全领域军事战略和军兵种、武警部队发展战略，健全新时代军事战略体系。

二是加快军队组织形态现代化。《建议》提出，要深化国防和军队改革，推进军事管理革命，加快军兵种和武警部队转型建设，壮大战略力量和新域新质作战力量，打造高水平战略威慑和联合作战体系，加强军事力量联合训练、联合保障、联合运用。“整体大于部分之和”是古希腊哲学家亚里士多德的一句名言，它揭示了一个基本规律，即科学的组织形态、优化的排列组合，可以使系统功能大于各要素功能的简单相加。军队建设同样蕴含结构质变的道理，先进的组织形态是发挥人与武器整体优势的倍增器。必须持续深化国防和军队改革，突出军事政策制度改革这个重点，统筹推进各项改革工作，加快推进军事管理革命，建立健全中国特色社会主义军事政策制度体系，为人民军队永葆性质和宗旨、提高打赢能力、不断从胜利走向胜利提供重要保障。同时，要加快军兵种和武警部队转型建设，进一步优化军队规模结构和力量编成，壮大战略力量和新域新质作战力量，积极培育战斗力新的增长点，打造高水平战略威慑和联合作战体系，努力形成体系对抗优势。

三是加快军事人员现代化。《建议》提出，要贯彻新时代军事教

军委管总、战区主战、军种主建新格局

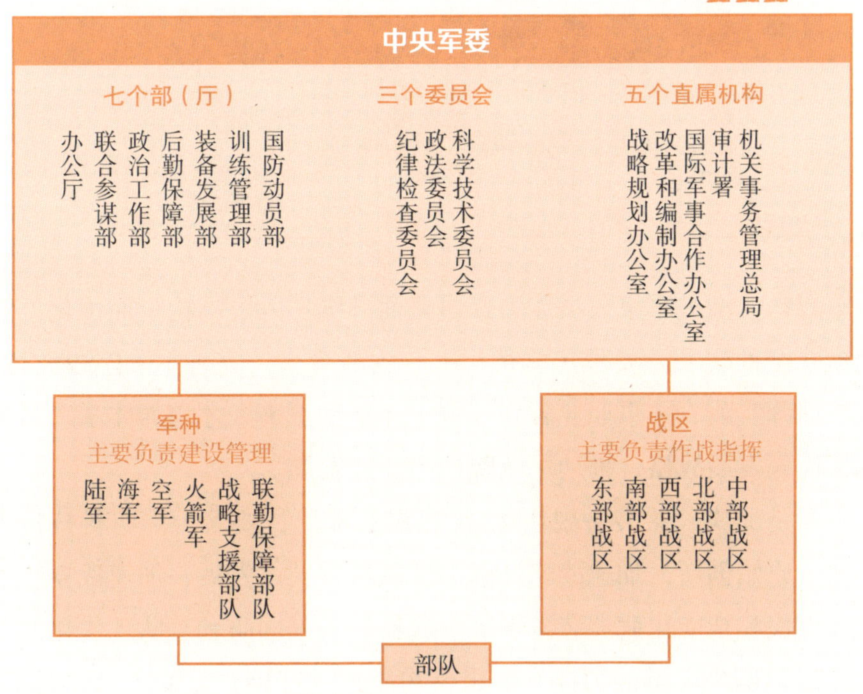

育方针，完善三位一体新型军事人才培养体系，锻造高素质专业化军事人才方阵。强军之道，要在得人。人才竞争是最为根本、最具决定性的竞争。必须牢固树立人才资源是第一资源的理念，全面实施人才

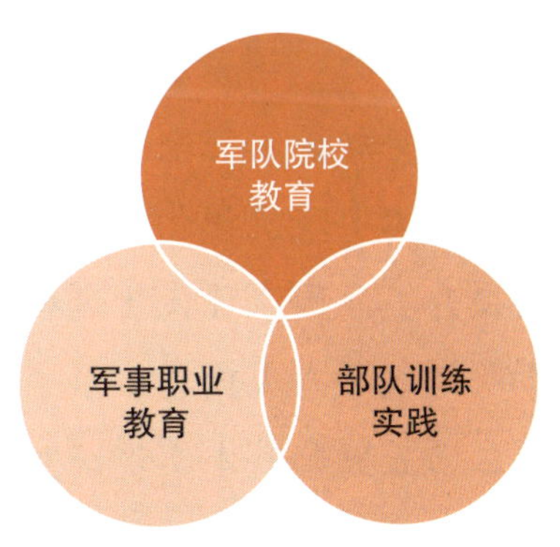

三位一体新型军事人才培养体系

我国武器装备建设取得重大成就

航母实现了从无到有再到自主创新的历史性跨越

新型战斗机、运输机等列装入役，实现了空战能力的整体跃升

新型系列战略导弹的公开展示，对于强固国家安全和民族复兴根基具有无可替代的作用

强军战略，推进军事人员能力素质全面升级、人员结构全面优化、管理模式全面转型。要聚焦立德树人、为战育人，完善军队院校教育、部队训练实践、军事职业教育三位一体新型军事人才培养体系，落实院校优先发展战略，推动军队院校内涵式发展。

四是加快武器装备现代化。《建议》提出，要聚力国防科技自主创新、原始创新，加速战略性前沿性颠覆性技术发展，加速武器装备升级换代和智能化武器装备发展。武器装备是国防和军队现代化的重要标志，也是军事能力提升的重要物质技术基础。党的十八大以来，我军武器装备现代化水平不断提高，但同维护国家安全和发展利益要

权威声音

习近平（中共中央总书记、国家主席、中央军委主席）：适应世界新军事革命发展趋势和国家安全需求，提高建设质量和效益，确保到二〇二〇年基本实现机械化，信息化建设取得重大进展，战略能力有大的提升。同国家现代化进程相一致，全面推进军事理论现代化、军队组织形态现代化、军事人员现代化、武器装备现代化，力争到二〇三五年基本实现国防和军队现代化，到本世纪中叶把人民军队全面建成世界一流军队。

求相比，同打赢信息化战争要求相比，同世界军事强国相比，在很多方面还存在比较明显的差距。“十四五”时期，必须聚力国防科技自主创新、原始创新，加速战略性、前沿性、颠覆性技术发展，把国家安全与发展的命脉牢牢掌握在自己手中，奋力抢占军事竞争战略制高点。要加速武器装备升级换代和智能化武器装备发展，加大现役武器装备智能化改造力度，打造更多克敌制胜的利器，推动武器装备发展水平整体跃升。

二、促进国防实力和经济实力同步提升

国防实力和经济实力是国家综合实力的重要组成部分，强国往往是经济和军事共同作用的结果。历史表明，对于一个大国而言，经济建设和国防建设如果在发展时序上长期失衡，国家发展利益和安全利益都将受到损害。

经过新中国成立以来特别是改革开放40多年来的发展，我国经济总量跃居世界第二，综合国力显著增强，为建设巩固的国防和强大的军队奠定了雄厚的物质基础。习近平总书记指出：“我们要抓住有利条件，加快推进国防和军队现代化，努力推动国防实力与经济实力

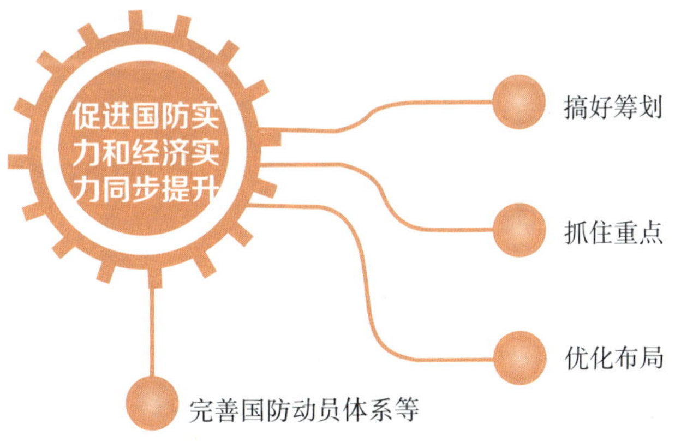

同步发展。”在这个基础上，《建议》提出要促进国防实力和经济实力同步提升，并作出了全面部署。

一是搞好筹划。《建议》提出，要同国家现代化发展相协调，搞好战略层面筹划，深化资源要素共享，强化政策制度协调，构建一体化国家战略体系和能力。只有同国家现代化发展相协调，搞好战略层面筹划，才能形成国防和经济两大体系协同互动的良好格局，提高国家综合实力和整体战略能力。这就需要加强战略规划衔接，国家有关部门在制定战略规划时充分考虑军事需求，军队发展战略和建设规划贯彻落实国家总体部署，军地战略规划搞好布局衔接和任务对接，从源头上保证各项建设安排的协调性、一致性。

二是抓住重点。《建议》提出，要推动重点区域、重点领域、新兴领域协调发展，集中力量实施国防领域重大工程。促进国防实力和经济实力同步提升，涉及领域宽、范围广、内容多，因此必须突出重点。在重点区域，结合国家区域战略布局，统筹军事斗争战略方向与区域经济社会发展需求，把国防和军队建设融入经济社会发展体系，推动相关要素资源开放共享和配套发展，为提升部队战斗力和促进区域经济高质量发展提供新支撑。在重点领域，进一步强化基础设施建设和国防科技工业、武器装备科研生产等领域的资源整合力度，盘活用好存量资源，优化配置增量资源，发挥军民融合深度发展的最大效

军民融合发展新兴领域

益。海洋、太空、网络空间等新兴领域既是军事竞争的前沿高地，也是经济科技发展的必争领域，需要加强发展统筹，加快形成多维一体、协同推进、跨越发展的军民融合深度发展格局。

三是优化布局。《建议》提出，要优化国防科技工业布局，加快标准化通用化进程。促进国防实力和经济实力同步提升，要把优化国防科技工业布局作为重要突破口。我国国防科技工业体制机制不顺、政策制度滞后、布局不够合理，亟待通过采取有力举措加以解决。“十四五”期间，要深化国防科技工业体制改革，分类实施军工企业股份制改造和混合所有制改革，深化军品科研生产能力结构调整，构建小核心、大协作、专业化、开放型的武器装备科研生产体系。要进一步激发军品市场活力，坚决破除制度藩篱，完善科研生产准入退出动态调整机制，精简优化许可管理范围，深入推进竞争性采购；改进调整军品价格和税收政策，建立风险评估和信用评价机制，营造公平竞争环境。要加快标准化通用化进程，国防和军队建设中优先采用先

权威评论

罗援（中国人民解放军军事科学院世界军事研究部原副部长）：现在，我国的国防现代化水平在总体上已经接近世界先进水平。迄今，我们在武器装备上实现了四大提升：第一大提升，我军许多重要装备实现了零突破，解决了从无到有的问题，并填补了一些装备的短板。第二大提升，我军原有装备实现了代际跨越，解决了武器的更新换代问题。第三大提升，多种武器装备实现了信息化改造或创新，达到了“一加一大于二”的效果。第四大提升，我军拥有了一批令敌人望而生畏的撒手锏装备，实现了慑战止战。

进适用的民用标准，同时先进适用的军用标准也应及时转化为民用标准，推动军民用技术成果加速实现双向转移利用。

此外，《建议》还提出，要完善国防动员体系，健全强边固防机制，强化全民国防教育，巩固军政军民团结。在国防动员方面，要落实国防动员改革任务，进一步优化机构运行，贯通指挥协调链路，健全与国家应急管理体系相衔接的机制，构建形成在党中央集中统一领导下、军地既各司其职又密切协同的国防动员新格局。在强边固防方面，要坚持政治安边、富民兴边、军事强边、外交睦边和科技控边，加快构建党委把方向、政府总协调、军队当骨干、警方抓治理、民众为基础的治边格局。在全民国防教育方面，要坚持以领导干部、青少年和民兵、预备役人员为重点，创新国防教育方法手段，增强全民国防观念，使关心国防、热爱国防、建设国防、保卫国防成为全社会的思想共识和自觉行动。在军政军民团结方面，要发扬爱国拥军、爱民奉献的优良传统，汇聚军民同心推进强国强军事业的磅礴力量。

“十三五”时期全民国防教育成就

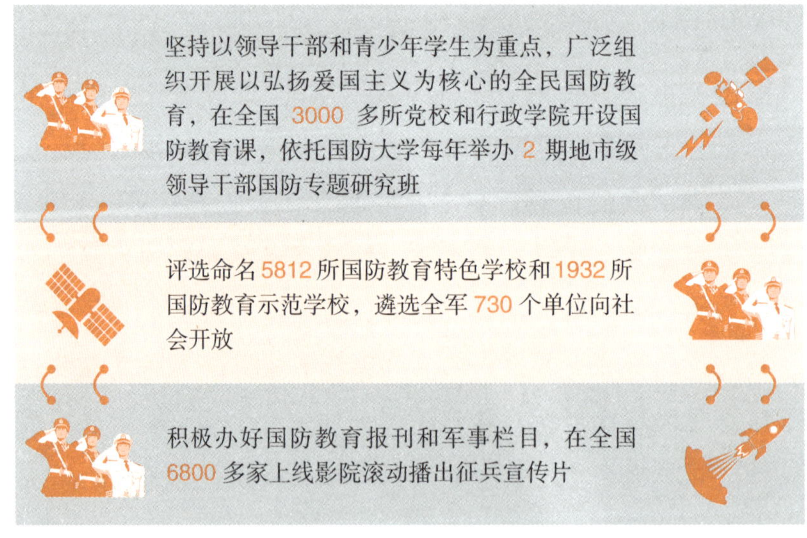

数据来源：新华网

第十五讲

为实现“十四五”规划和2035年远景目标而奋斗

一 加强党中央集中统一领导

二 推进社会主义政治建设

三 保持香港、澳门长期繁荣稳定

四 推进两岸关系和平发展和祖国统一

五 积极营造良好外部环境

六 健全规划制定和落实机制

蓝图已经绘就，关键在于落实。《建议》号召全党全国各族人民团结起来，为实现“十四五”规划和2035年远景目标而奋斗。顺利实现“十四五”规划和2035年远景目标，必须坚持党的全面领导，充分调动一切积极因素，广泛团结一切可以团结的力量，形成推动发展的强大合力。我们坚信，在以习近平同志为核心的党中央坚强领导下，通过亿万人民团结一心、不懈奋斗，中国必将在新发展阶段创造更大的奇迹。

一、加强党中央集中统一领导

党政军民学，东西南北中，党是领导一切的，党是最高政治领导力量。习近平总书记深刻指出，“经济工作是中心工作，党的领导当然要在中心工作中得到充分体现”。可以预见，未来一段时间，我国发展面临的形势将更为复杂，改革发展的任务将更为繁重，落实“十四五”规划的困难和挑战也不会小。越是这样，越要坚持党的全面领导，越要加强党中央集中统一领导。

《建议》提出了加强党中央集中统一领导的任务，并从加强党的全面领导、提高党的建设质量等方面作了部署。

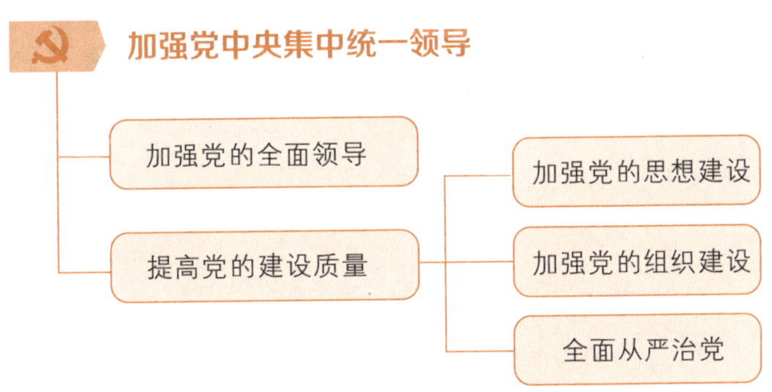

一方面，加强党的全面领导。《建议》提出，要贯彻党把方向、谋大局、定政策、促改革的要求，推动全党深入学习贯彻习近平新时代中国特色社会主义思想，增强"四个意识"、坚定"四个自信"、做到"两个维护"，完善上下贯通、执行有力的组织体系，确保党中央决策部署有效落实。党是总揽全局、协调各方的，要从体制机制上保证党在经济社会发展中把方向、谋大局、定政策、促改革。同时，要完善党中央重大决策部署落实机制。中央和国家机关是贯彻落实党中央决策部署的"最初一公里"，地方党委是"中间段"，基层党组织是"最后一公里"。要通过上下贯通、执行有力的组织体系，确保党中央决策部署得到全程无缝落实。

另一方面，提高党的建设质量。《建议》提出，要落实全面从严治党主体责任、监督责任，提高党的建设质量，并从加强党的思想建设和组织建设、全面从严治党等方面进行了安排部署。

一是加强党的思想建设。《建议》提出，要深入总结和学习运用中国共产党一百年的宝贵经验，教育引导广大党员、干部坚持共产主义远大理想和中国特色社会主义共同理想，不忘初心、牢记使命，为党和人民事业不懈奋斗。思想建设是党的基础性建设，坚定理想信念是思想建设的首要任务。2021 年是中国共产党成立 100 周年。这 100

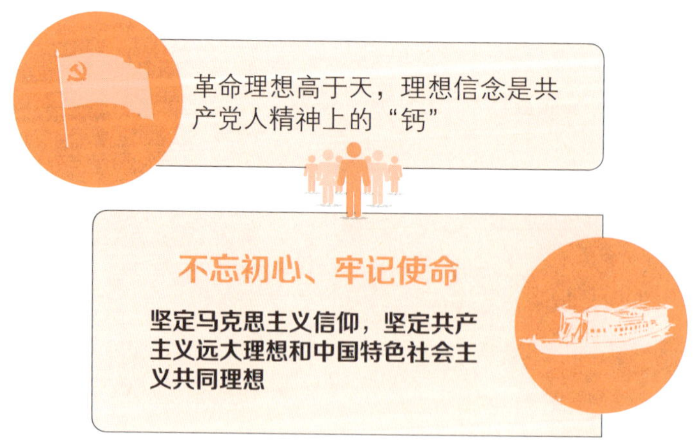

年是我们党不忘初心、牢记使命的100年，是矢志不渝坚守理想信念的100年。要以此为契机，使党员、干部接受一次深刻的理想信念教育。

二是加强党的组织建设。《建议》提出，要全面贯彻新时代党的组织路线，加强干部队伍建设，落实好干部标准，提高各级领导班子和干部适应新时代新要求抓改革、促发展、保稳定水平和专业化能力，加强对敢担当善作为干部的激励保护，以正确用人导向引领干事创业导向；完善人才工作体系，培养造就大批德才兼备的高素质人才。正确的政治路线要靠正确的组织路线来保证，党的全面领导、党的全部工作要靠党的坚强组织体系去实现。各级党组织要全面贯彻新时代党的组织路线，坚持德才兼备、以德为先、任人唯贤的方针，落实好干部标准，严把政治关、能力关、廉洁关，切实提高选人用人质量；要适应高质量发展要求，全面提高领导干部抓改革、促发展、保稳定的水平和专业化能力。人才是实现民族振兴、赢得国际竞争主动的战略资源。要坚持党管人才原则，聚天下英才而用之，加快建设

权威声音

习近平（中共中央总书记、国家主席、中央军委主席）：新时代党的组织路线是：全面贯彻新时代中国特色社会主义思想，以组织体系建设为重点，着力培养忠诚干净担当的高素质干部，着力集聚爱国奉献的各方面优秀人才，坚持德才兼备、以德为先、任人唯贤，为坚持和加强党的全面领导、坚持和发展中国特色社会主义提供坚强组织保证。新时代党的组织路线是理论的也是实践的，要在推进党的建设新的伟大工程、落实全面从严治党的实践中切实贯彻落实。

人才强国，努力建设一支矢志爱国奉献、勇于创新创造的优秀人才队伍。

三是全面从严治党。《建议》提出，要把严的主基调长期坚持下去，不断增强党自我净化、自我完善、自我革新、自我提高能力；锲而不舍落实中央八项规定精神，持续纠治形式主义、官僚主义，切实为基层减负；完善党和国家监督体系，加强政治监督，强化对公权力运行的制约和监督；坚持无禁区、全覆盖、零容忍，一体推进不敢腐、不能腐、不想腐，营造风清气正的良好政治生态。习近平总书记指出，“我们党作为马克思主义执政党，不但要有强大的真理力量，而且要有强大的人格力量；真理力量集中体现为我们党的正确理论，人格力量集中体现为我们党的优良作风”。要不断巩固和拓展整

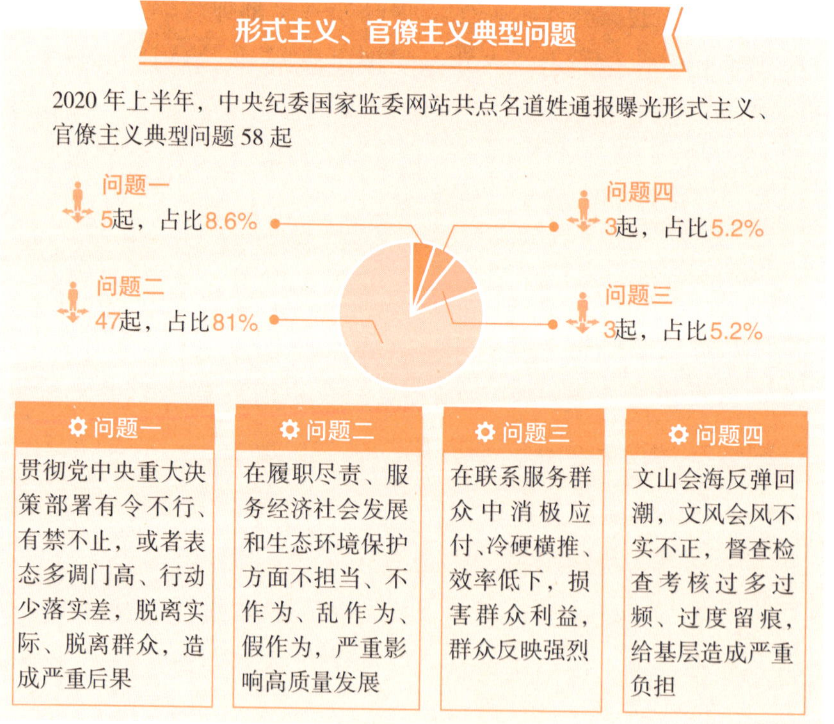

数据来源：中央纪委国家监委网站

治“四风”和“不忘初心、牢记使命”主题教育成果，推动形成求真务实、真抓实干的浓厚氛围。要以党内监督为主导，整合各类监督力量，强化对公权力运行的制约和监督。腐败是社会毒瘤，是我们党面临的最大威胁，要深化标本兼治，一体推进不敢腐、不能腐、不想腐，通过不懈努力换来海晏河清、朗朗乾坤。

二、推进社会主义政治建设

新中国成立以来特别是改革开放以来，我们党领导和团结全国各族人民在发展社会主义民主政治方面取得了重大进展，成功开辟了中国特色社会主义政治发展道路，为实现最广泛的人民民主确立了正确方向。在前进道路上，要坚定不移走中国特色社会主义政治发展道路，继续推进社会主义民主政治建设，发展社会主义政治文明。

《建议》提出了推进社会主义政治建设的重大任务，强调坚持党

的领导、人民当家作主、依法治国有机统一，推进中国特色社会主义政治制度自我完善和发展。

一是坚持和完善人民代表大会制度。《建议》提出，要加强人大对“一府一委两院”的监督，保障人民依法通过各种途径和形式管理国家事务、管理经济文化事业、管理社会事务。在新的奋斗征程中，必须充分发挥人民代表大会制度的根本政治制度作用，继续通过这一制度牢牢地把国家和民族的前途命运掌握在人民手中。支持和保证国家权力机关依照宪法和法律积极主动、独立负责、协调一致开展工作。必须保证和发展人民当家作主，支持和保证人民通过人民代表大会行使国家权力，发展更加广泛、更加充分、更加健全的人民民主。

二是坚持和完善中国共产党领导的多党合作和政治协商制度。《建议》提出，要加强人民政协专门协商机构建设，发挥社会主义协商民主独特优势，提高建言资政和凝聚共识水平。中国共产党领导的多党合作和政治协商制度作为我国的一项基本政治制度，是中国共产党、中国人民和各民主党派、无党派人士的伟大政治创造，是从中国土壤中生长出来的新型政党制度。要坚定不移贯彻长期共存、互相监督、肝胆相照、荣辱与共的方针，着力发挥好民主党派和无党派人士的积极作用。

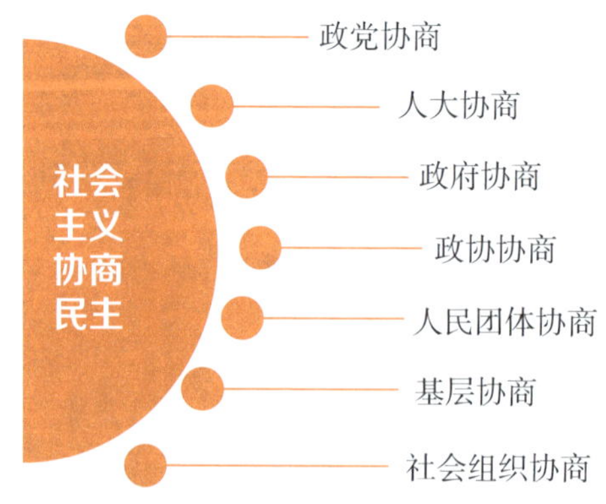

三是坚持和完善民族区域自治制度和党的宗教方针。《建议》提出，要铸牢中华民族共同体意识，促进各民族共同团结奋斗、共同繁荣发展；全面贯彻党的宗教工作基本方针，积极引导宗教与社会主义社会相适应。民族区域自治制度是我国的一项基本政治制度，是中国特色解决民族问题的正确道路的重要内容和制度保障，在维护祖国统一、领土完整，加强民族平等团结、促进民族地区发展、增强中华民族凝聚力等方面都起到了重要作用。要积极创造条件，千方百计加快少数民族和民族地区经济社会发展，多办一些顺民意、惠民生的实事，多解决一些各族群众牵肠挂肚的问题，促进各民族共同繁荣发展。要积极引导宗教与社会主义社会相适应，坚持中国化方向，提高宗教工作法治化水平。

四是健全基层群众自治制度。《建议》提出，要增强群众自我管理、自我服务、自我教育、自我监督实效；发挥工会、共青团、妇联等人民团体作用，把各自联系的群众紧紧凝聚在党的周围。基层群众自治制度是我国的一项基本政治制度。要畅通民主渠道，保障人民群众依法直接行使民主权利，促进群众在城乡社区治理、基层公共事务和公益事业中依法自我管理、自我服务、自我教育、自我监督。要健全联系广泛、服务群众的群团工作体系，推动工会、共青团、妇联等群团组织增强政治性、先进性、群众性，把各自联系的群众紧紧凝聚在党的周围，更好发挥联系群众的桥梁和纽带作用。

五是完善大统战工作格局。《建议》提出，要促进政党关系、民族关系、宗教关系、阶层关系、海内外同胞关系和谐，巩固和发展大团结大联合局面；全面贯彻党的侨务政策，凝聚侨心、服务大局。统一战线是党的事业取得胜利的重要法宝。在长期的革命、建设、改革过程中，已经结成由中国共产党领导的，有各民主党派和各人民团体参加的，包括全体社会主义劳动者、社会主义事业的建设者、拥护社会主义的爱国者、拥护祖国统一和致力于中华民族伟大复兴的爱国者的广泛的爱国统一战线。要高举爱国主义、社会主义旗帜，牢牢把握大团结大联合的主题，坚持一致性和多样性统一，找到最大公约数，画出最大同心圆。

找到最大公约数，画出最大同心圆

六是推进法治中国建设。《建议》提出，要坚持法治国家、法治政府、法治社会一体建设，完善以宪法为核心的中国特色社会主义法律体系，加强重点领域、新兴领域、涉外领域立法，提高依法行政水平，完善监察权、审判权、检察权运行和监督机制，促进司法公正，深入开展法治宣传教育，有效发挥法治固根本、稳预期、利长远的保障作用，推进法治中国建设。法治兴则国家兴，法治衰则国家乱。全面推进依法治国是一个系统工程，是国家治理领域一场广泛而深刻的革命。必须坚持依法治国、依法执政、依法行政共同推进，坚持法治国家、法治政府、法治社会一体建设，实现科学立法、严格执法、公正司法、全民守法，不断把法治中国建设推向前进。

七是促进人权事业全面发展。我国坚持把人权的普遍性原则和当代实际相结合，走符合国情的人权发展道路，奉行以人民为中心的人权理念，把生存权、发展权作为首要的基本人权，协调增进全体人民的经济、政治、社会、文化、环境权利，努力维护社会公平正义，促进人的全面发展。

三、保持香港、澳门长期繁荣稳定

保持香港、澳门长期繁荣稳定，关乎港澳同胞福祉和国家根本利益，关乎“一国两制”实践和国家统一大局，是实现中华民族伟大复兴中国梦的必然要求。事实证明，“一国两制”是解决历史遗留的香港、澳门问题的最佳方案，也是香港、澳门回归后保持长期繁荣稳定的最佳制度。香港、澳门回归以来，香港保持了国际自由港和金融、航运、贸易中心地位；澳门实现了前所未有的超速发展，人均生产总值跻身世界前列。《建议》对“十四五”时期以至更长时期保持香港、澳门长期繁荣稳定提出了明确要求，作出了具体部署。

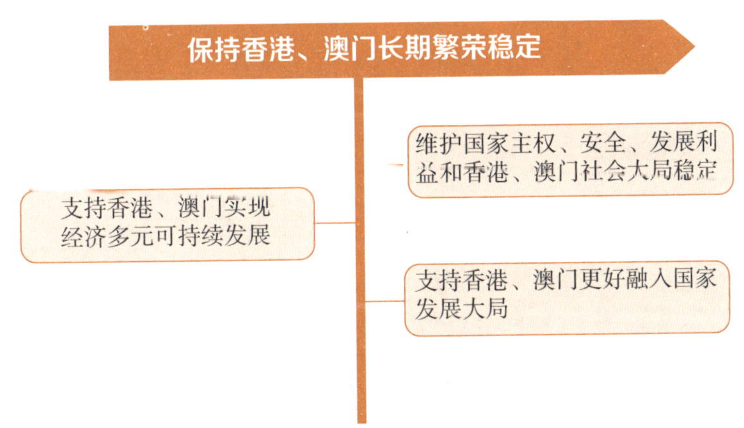

一是维护国家主权、安全、发展利益和香港、澳门社会大局稳定。《建议》提出，要全面准确贯彻“一国两制”、“港人治港”、“澳人治澳”、高度自治的方针，坚持依法治港治澳，维护宪法和基本法确定的特别行政区宪制秩序，落实中央对特别行政区全面管治权，落

实特别行政区维护国家安全的法律制度和执行机制，维护国家主权、安全、发展利益和特别行政区社会大局稳定。全面准确贯彻“一国两制”方针，必须把维护中央对香港、澳门特别行政区全面管治权和保障特别行政区高度自治权有机结合起来，任何时候都不能偏废。高度自治绝不是完全自治。特别行政区是直辖于中央的地方行政区域，特别行政区依法享有的高度自治权来源于中央的授权，不能将中央的全面管治权与特别行政区的高度自治权对立起来，更不能以特别行政区的高度自治权对抗中央的权力。在特别行政区，任何危害国家主权安全、挑战中央权力和特别行政区基本法权威、利用特别行政区对内地进行渗透破坏的活动，都是对底线的触碰，都是绝不能允许的。

二是支持香港、澳门实现经济多元可持续发展。《建议》提出，支持特别行政区巩固提升竞争优势，建设国际创新科技中心，打造“一带一路”功能平台，实现经济多元可持续发展。具体来说，就是支持香港巩固和提升国际金融、航运贸易中心和国际航空枢纽地位及国际资产管理中心和风险管理中心功能，强化全球离岸人民币业

深阅读

“一国两制”，“一国”是根，“一国”是本，“一国”是“两制”的前提。尊重和维护“一国”，就必须拥护宪法所确定的国家根本制度，认同中华人民共和国主体实行的社会主义制度，认同中国共产党在建设中国特色社会主义各项事业中的领导地位。任何不尊重宪法和基本法、挑战特别行政区宪制秩序的行为，都是对全面准确贯彻“一国两制”方针的背离，都是不能允许的，都要依法惩处和纠正。只有有效维护特别行政区的宪制秩序，才能确保“一国两制”实践沿着正确轨道前进。

务枢纽地位，建设国际创新科技中心，打造“一带一路”功能平台。支持澳门“一中心、一平台、一基地”建设，实现经济多元可持续发展。

三是支持香港、澳门更好融入国家发展大局。《建议》提出，支持香港、澳门更好融入国家发展大局，高质量建设粤港澳大湾区，完善便利港澳居民在内地发展政策措施。要把发挥祖国内地坚强后盾作用和提高香港、澳门自身竞争力有机结合起来，支持香港、澳门更加积极主动助力国家全面开放，更加积极主动融入国家发展大局，更加积极主动参与国家治理实践，更加积极主动促进国际人文交流。

粤港澳大湾区

面积5.6万平方公里

人口约7000万

2019年经济总量已突破

11 万亿元

数据来源：《中国粤港澳大湾区改革创新报告（2020）》

此外，《建议》还提出，要增强港澳同胞国家意识和爱国精神；支持香港、澳门同各国各地区开展交流合作；坚决防范和遏制外部势力干预港澳事务。要坚持爱国者为主体的“港人治港”“澳人治澳”，发展壮大爱国爱港爱澳力量，增强香港、澳门同胞的国家意识和爱国精神，让香港、澳门同胞同祖国人民共担民族复兴的历史责任，共享祖国繁荣富强的伟大荣光。

四、推进两岸关系和平发展和祖国统一

解决台湾问题、实现祖国完全统一，是全体中华儿女的共同愿望，是中华民族根本利益所在。祖国统一是大势所趋、大义所在、民心所向。祖国必须统一，也必然统一。两岸中国人、海内外中华儿女应共担民族大义、顺应历史大势，共同推动两岸关系和平发展、推进祖国和平统一进程。

《建议》就推进两岸关系和平发展和祖国统一提出了以下要求：

一是坚持一个中国原则和“九二共识”，以两岸同胞福祉为依归，推动两岸关系和平发展、融合发展，加强两岸产业合作，打造两岸共同市场，壮大中华民族经济，共同弘扬中华文化。面向未来，两岸要应通尽通，进一步深化经贸合作畅通，进一步提升基础设施联通，进一步促进能源资源互通，进一步推动行业标准共通。要推动两岸文

权威声音

习近平（中共中央总书记、国家主席、中央军委主席）：两岸关系和平发展是两岸同胞顺应历史潮流作出的共同选择……和平发展是两岸同胞的共同追求，两岸共享其利、同受其惠。我们推动两岸关系和平发展的方针政策不会改变，促进两岸交流合作、互利共赢的务实举措不会放弃，团结台湾同胞共同奋斗的真诚热情不会减弱，制止“台独”分裂图谋的坚强意志不会动摇。我们真诚希望台湾社会安定、经济发展、民生改善，台湾同胞过上安宁幸福的生活。

化教育、医疗卫生合作，社会保障和公共资源共享，支持两岸邻近或条件相当地区基本公共服务均等化、普惠化、便捷化。两岸同胞要共同传承中华优秀传统文化，以正确的历史观、民族观、国家观化育后人，弘扬伟大民族精神。

二是完善保障台湾同胞福祉和在大陆享受同等待遇的制度和政策，支持台商台企参与“一带一路”建设和国家区域协调发展战略，支持符合条件的台资企业在大陆上市，支持福建探索海峡两岸融合发展新路。自20世纪80年代海峡两岸打破隔绝状态以来，祖国大陆日益成为台湾同胞投资发展、安居乐业的热土。2019年11月出台的《关于进一步促进两岸经济文化交流合作的若干措施》，列出了为台湾企业和台湾同胞提供的26条同等待遇。要继续坚持对台湾同胞一视同仁，为台胞台企提供更多同等待遇，继续率先同台湾同胞共同分享大陆发展机遇，让他们有更多获得感。

国务院台办、国家发展改革委出台《关于进一步促进两岸经济文化交流合作的若干措施》

涉及为台湾企业提供同等待遇的措施13条

包括台资企业同等参与重大技术装备、5G、循环经济、民航、主题公园、新型金融组织等投资建设，同等享受融资、贸易救济、出口信用保险、进出口便利、标准制订等政策，支持两岸青年就业创业基地和示范点建设等

涉及为台湾同胞提供同等待遇的措施13条

包括为台湾同胞在领事保护、农业合作、交通出行、通信资费、购房资格、文化体育、职称评审、分类招考等方面提供更多便利和支持

三是加强两岸基层和青少年交流。交流是解开心结、消除隔阂的最好方式。要充分发挥基层和青少年在两岸交流中的重要作用，不

断增进了解互信，密切骨肉亲情，拉近心理距离，带动和促进两岸同胞学习互鉴、交流互动、增进友谊，推动两岸关系和平发展，实现民族复兴。

四是高度警惕和坚决遏制“台独”分裂活动。针对外部势力干涉和极少数“台独”分子及其分裂活动，我们有坚定的意志、充分的信心、足够的能力挫败任何形式的“台独”分裂图谋，绝不允许任何人、任何组织、任何政党在任何时候、以任何形式、把任何一块中国领土从中国分裂出去。

五、积极营造良好外部环境

实现“两个一百年”奋斗目标、实现中华民族伟大复兴的中国梦，必须有和平的国际环境。没有和平，中国和世界都不可能顺利发展。《建议》提出，高举和平、发展、合作、共赢旗帜，坚持独立自主的和平外交政策，推进各领域各层级对外交往，推动构建新型国际关系和人类命运共同体。

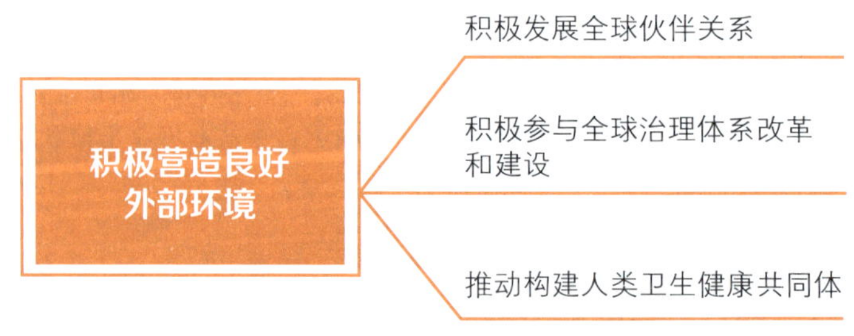

一是积极发展全球伙伴关系。《建议》提出，要推进大国协调和合作，深化同周边国家关系，加强同发展中国家团结合作，积极发展全球伙伴关系。简而言之，就是不断完善以大国和周边国家为重点、以发展中国家为基础、以多边关系为重要舞台的外交布局。要运筹好同美国、俄罗斯、欧洲等的关系，推动构建总体稳定、均衡发展的大国关系框架；按照亲诚惠容理念和与邻为善、以邻为伴周边外交方针，深化同周边国家关系，欢迎周边国家搭乘中国发展快车，让中国发展成果更多惠及周边国家；广大发展中国家是我国在国际事务中的天然同盟军，要秉持正确义利观，加强同发展中国家的团结合作。

深阅读

伙伴关系是一种平等外交关系。就外交原则而言，伙伴关系强调平等和自愿原则，主张国家不论大小、贫富、强弱，都是国际社会的平等一员，各国都享有权利，也都承担义务和责任，共同参与国际规则制定。在伙伴关系中，没有主次之分，没有高低之别，只有平等合作。伙伴关系蕴含的这种平等性，意味着不搞强权政治，不搞零和博弈，不搞你失我得、赢者通吃，不能为了单纯追求自我利益最大化推行单边主义、破坏国际法和国际关系基本准则，而应尊重各个国家选择各自发展道路的权利，真诚相对、平等相待，促使各国在友好交流中实现合作共赢。

二是积极参与全球治理体系改革和建设。《建议》提出，要坚持多边主义和共商共建共享原则，积极参与全球治理体系改革和建设，加强涉外法治体系建设，加强国际法运用，维护以联合国为核心的国际体系和以国际法为基础的国际秩序，共同应对全球性挑战。全球治理格局取决于国际力量对比，全球治理体系变革源于国际力量对比变化。当今世界，随着国际力量对比消长变化和全球性挑战日益增多，加强全球治理、推动全球治理体系变革是大势所趋。要高举构建人类

中国秉持人类命运共同体理念

- 提出构建利益共同体和责任共同体
- 提出构建安全共同体和发展共同体
- 推动形成周边命运共同体和亚洲命运共同体
- 双边关系上推动形成中非命运共同体和中拉命运共同体
- 全球议题上倡导海洋命运共同体和网络空间命运共同体
- 针对全球大灾疫和百年大变局叠加交织、国际和地区形势复杂深刻演变，提出构建人类卫生健康共同体的重大倡议

命运共同体旗帜，推动全球治理体系朝着更加公正合理的方向发展。

三是推动构建人类卫生健康共同体。《建议》提出，要积极参与重大传染病防控国际合作，推动构建人类卫生健康共同体。病毒没有国界，疫病不分种族。人类是命运共同体，团结合作是战胜重大传染病最有力的武器。新冠肺炎疫情发生以来，中国发出构建人类卫生健康共同体的倡议，得到国际社会的积极响应。这是构建人类命运共同体理念在卫生健康领域的具体体现。

抗击新冠肺炎疫情，中国展现大国责任与担当

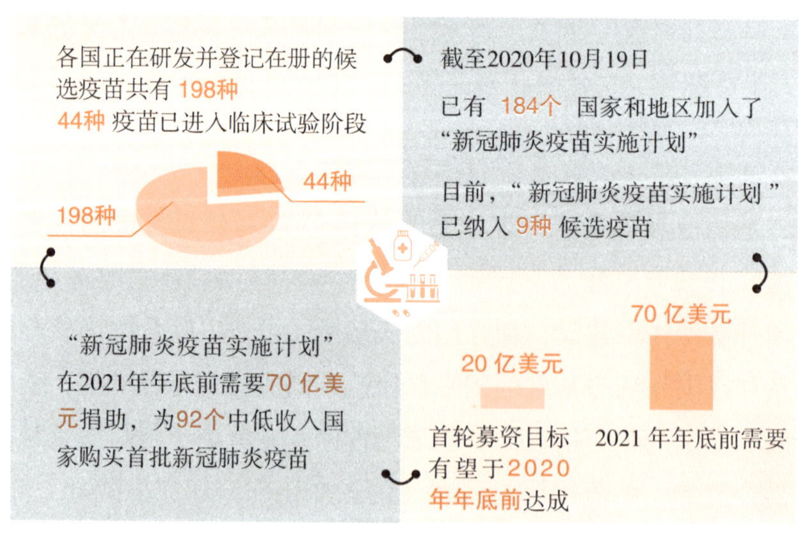

数据来源：《经济日报》

六、健全规划制定和落实机制

大道至简，实干为要。《建议》提出的“十四五”规划的重大原则和重点任务，描绘的2035年远景目标，关键在于抓好落实。《建议》提出健全规划制定和落实机制，并提出了两方面的要求。

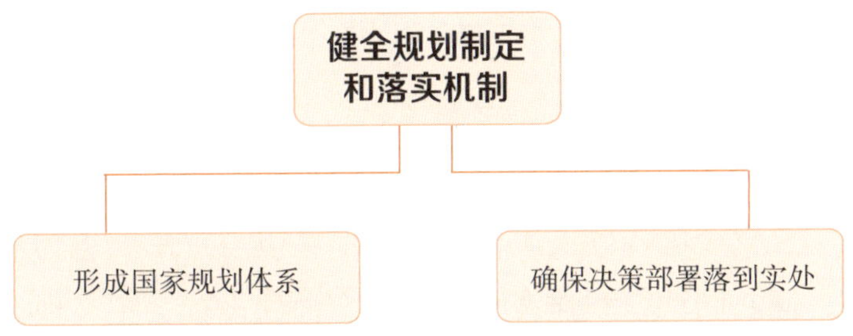

一是形成国家规划体系。《建议》提出，要按照本次全会精神，制定国家和地方“十四五”规划纲要和专项规划，形成定位准确、边界清晰、功能互补、统一衔接的国家规划体系。下一步，将根据《建议》确定的大方向、大战略，制定国家“十四五”规划纲要和专项规划，对《建议》提出的目标任务和重大任务进行细化，在认真测算的基础上提出相应的量化目标和具体指标，做好相互之间的衔接协同，最终形成定位准确、边界清晰、功能互补、统一衔接的国家规划体系。

二是确保决策部署落到实处。《建议》提出，要健全政策协调和工作协同机制，完善规划实施监测评估机制，确保党中央关于“十四五”发展的决策部署落到实处。要围绕保障规划落地生效，加强财政保障、金融支持和其他政策支撑，构建发展规划、财政、金融等政策协调和工作协同机制。对各项规划部署，应逐一分解任务、明确责任分工，确定牵头单位和责任部门，推动各有关方面认真抓好落实，确保各项工作有人干、有督促、有检查。

权威评论

唐方裕（中央办公厅副主任）：以扎实行动和务实作风推动《建议》各项任务举措落地见效，一要鼓励党员、干部创造性工作；二要充分调动人民群众的积极性主动性创造性；三要及时发现和解决突出问题；四要力戒形式主义、官僚主义。

实现"十四五"规划和2035年远景目标，意义重大，任务艰巨，前景光明。全党全国各族人民要紧密团结在以习近平同志为核心的党中央周围，同心同德，顽强奋斗，夺取全面建设社会主义现代化国家新胜利！